U0015862

余英時文集——15

到思維之路

余英時——著

余英時文集編輯序言

聯經出版公司編輯部

余英時先生是當代最重要的中國史學者，也是對於華人世界思想與文化影響深遠的知識人。

余先生一生著作無數，研究範圍縱橫三千年中國思想與文化史，對中國史學研究有極為開創性的貢獻，作品每每別開生面，引發廣泛的迴響與討論。除了學術論著外，他更撰寫大量文章，針對當代政治、社會與文化議題發表意見。

一九七六年九月，聯經出版了余先生的《歷史與思想》，這是余先生在台灣出版的第一本著作，也開啟了余先生與聯經此後深厚的關係。往後四十多年間，從《歷史與思想》到他的最後一本學術專書《論天人之際》，余先生在聯經一共出版了十二部作品。

余先生過世之後，聯經開始著手規劃「余英時文集」出版事宜，將余先生過去在台灣尚未集結出版的文章，編成十六種書目，再加上原本的十二部作品，總計共二十八種，總字數超過四百五十萬字。這個數字展現了余先生旺盛的創作力，從中也可看見余先生一生思想發展的軌跡，以及他開闊的視野、精深的學問，與多面向的關懷。

文集中的書目分為四大類。第一類是余先生的**學術論著**，除了過去在聯經出版的十二部作品外，此次新增兩冊《中國歷史研究的反思》古代史篇與近代史篇，收錄了余先生尚未集結出版之單篇論文，包括不同時期發表之中英文文章，以及應邀為辛亥革命、戊戌變法、五四運動等重要歷史議題撰寫的反思或訪談。《我的治學經驗》則是余先生畢生讀書、治學的經驗談。

其次，則是余先生的**社會關懷**，包括他多年來撰寫的時事評論（《時論集》），以及他擔任自由亞洲電台評論員期間，對於華人世界政治局勢所做的評析（《政論集》）。其中，他針對當代中國的政治及其領導人多有鍼砭，對於香港與台灣的情勢以及民主政治的未來，也提出其觀察與見解。

余先生除了是位知識淵博的學者，同時也是位溫暖而慷慨的友人和長者。文集中也反映余先生**生活交遊**的一面。如《書信選》與《詩存》呈現余先生與師長、友朋的魚雁往返、詩文唱和，從中既展現了他的人格本色，也可看出其思想脈絡。《序文集》是他應各方請託而完成的作品，《雜文集》則蒐羅不少余先生為同輩學人撰寫的追憶文章，也記錄他與文化和出版界的交往。

文集的另一重點，是收錄了余先生二十多歲，居住於**香港期間**的著作，包括六冊專書，以及發表於報章雜誌上的各類文章（《香港時代文集》）。這七冊文集的寫作年代集中於一九五〇年代前半，見證了一位自由主義者的青年時代，也是余先生一生澎湃思想的起點。

本次文集的編輯過程，獲得許多專家學者的協助，其中，中央研究院王汎森院士與中央警察大學李顯裕教授，分別提供手中蒐集的大量相關資料，為文集的成形奠定重要基礎。

最後，本次文集的出版，要特別感謝余夫人陳淑平女士的支持，她並慨然捐出余先生所有在聯經出版著作的版稅，委由聯經成立「余英時人文著作出版獎助基金」，用於獎助出版人文領域之學術論著，代表了余英時、陳淑平夫婦期勉下一代學人的美意，也期待能夠延續余先生對於人文學術研究的偉大貢獻。

編輯說明

一、本書原於一九五四年在香港由高原出版社出版，後於一九八四年由漢新出版社刊行台灣版。

二、本書收錄之文章原多刊於《自由陣線》的「山外叢談」專欄及《中國學生周報》的「請你想一想」專欄，本版增刊此二專欄相同主題的〈救出自己〉、〈望盡天涯路〉、〈靈山祇在我心頭〉、〈逝者如斯夫！〉、〈更上一層樓〉、〈剎那心與相續心〉等六文，以求完備。

三、書中所引之西方專有名詞、人名，盡可能採取作者原本之譯名，不特意改為現今常見之譯名。

目次

余英時文集編輯序言 003
再版自序 013
自序 017

思想問題在今天！ 023
「定於一」？ 029
說「通」 035
救出自己 041
望盡天涯路 045
靈山祇在我心頭 049
學而思，思而學 053

變與常 059
逝者如斯夫！ 065
合情合理，合理合情 069
「吾道一以貫之」？ 077
主義與問題 083
主觀、客觀與思想 089
理未易察！ 095
解開心物之爭的死結 101
更上一層樓 107
解「執」 111
求其放心 117

左·右·異·同 123
為有源頭活水來 131
思想的廣度與深度 137
從心靈到思想 143
肯定我們的獨立思想！ 147
思想的分與合 153
遠在天邊，近在眼前 159
知識·思想·信仰 165
如人飲水，冷暖自知 171
剎那心和相續心 179
思維與思維方法 183

思想的繼往與開來 189
知而不行，祇是未知 195

再版自序

這本小書從開始撰寫到現在，已整整三十年了。當時我自己尚在香港新亞書院讀書，但同時也在流亡知識分子所辦的一個週刊——《自由陣線》——兼任一部分編輯工作。我所負責的是「青年天地」一欄，專門在知識與思想範圍之內談些淺近而有趣的問題。因為對象都是像我自己一樣的青年讀者，所以這一欄的文字都是些卑之無甚高論的東西。我自己也用艾群的筆名闢了一個專欄，名曰：「山外叢談」，取蘇東坡「不見廬山真面目，祇緣身在此山中」之意。一九五〇年代初期的香港，正在遭受著馬列主義狂潮的衝擊。當時的香港是文化的沙漠，一般青年人並不注重思想；而略有思想的又不免被所謂「革命」的狂潮席捲而去，情緒十分高昂，但是完全失去了理性。我當時深受「五四」以來的自由主義傳統的影響：在政治上嚮往民主，在思想上尊重理性和容忍。「山外叢談」所談的大體不出理性和容忍這一主題。後來我和幾位朋友合作，成立了一個出版社——高原出版社，主要是出版一些文藝與思想方面的書籍。由於社中朋友們的慫恿，我便在「山外叢談」中選了幾十篇印成這本《到思維之路》。這些淺薄的少作，當然沒有什麼學術價值可言，不用等到壯年便已自悔孟浪了。所以我後來一直叮嚀高原出版社不要重版。

這次在台灣重印則是受到朱一冰先生和黃俊傑先生的再三鼓勵，使我有盛情難卻之感。而且我後來想想，無論我自己怎樣不滿意這些少作，但既已為人所知，終不免有重禍梨棗的一天。與其將來被人盜印，倒不如由我自己整理一番，正式再版。所以在重印之前，我曾抽空校閱了一次，做了一些必要的改動。三十年後重讀這些文字，幾乎不能相信是出自我的筆下。其中幼稚膚淺之處，自然極多。不過以三十年後的我回顧三十年前的我，似乎也不應該用過分嚴厲的眼光。至少就大體的思想傾向而言，我還覺得這冊小書是健康的，不妨推薦給青少年的朋友們。今天的我雖然在知識方面增加了不少，但是已失去三十年前那種膽大妄言的勇氣了。

就個人情感方面說，我對於當時寫作的流亡歲月則是十分懷念的。三十年前在香港的難民生活已不是今天國內的青年們所能想像。我們飄零在一個殖民地的社會裡，回顧無依，也看不到任何前景，正如杜甫所說的：「我生無根蒂，配爾亦茫茫。」無論是作編輯或是寫文章，一大半都是為生活所迫，不得已而為之。龔定庵「著書都為稻粱謀」之句正是我們那些流亡知識分子的最好寫照。現在回想起來，我們當時唯一的精神憑藉祇是不相信中國會永遠在無理性的狀態下存在下去。依我自己當時的想法，寫作既是謀生的唯一方式，那就必須利用這一方式來改變現狀，至於是否有效則完全不在考慮之內了。我還清楚地記得，當時最使我感動的是讀到明末清初周亮工《因樹屋書影》中所引的一則佛教故事。這個故事說：

昔有鸚鵡飛集陀山，乃山中大火，鸚鵡遙見，入水濡羽，飛而灑之。天神言：「爾雖有志意，何足云也？」對曰：「常僑居是山，不忍見耳！」天神嘉感，即為滅火。（卷二）

我當時並不敢奢望可以感動天神來滅火，但是我的確覺得自己是曾經僑居陀山的鸚鵡，不能不在故山大火之際盡一點心意。所以五十年初期我在香港所寫的一些不成熟的東西都可以看作鸚鵡羽翼上所濡的水點。這冊小書自然也不是例外。

我希望今天讀者都能從這個角度來看待這些舊作。

余英時　一九八一年十一月五日於美國康州之橋鄉

自序

我們今天所面臨的顯然是歷史上從所未有的一個嚴重的思想戰爭的時代！在這個思想戰爭的大時代裡，我們中國竟不幸而成為戰火最激烈的一個角落。這幾十年來，中國學術界上激盪著形形色色的思潮——西方的、東方的；古老的、新興的；保守的、激進的……。然而更不幸的，這一場思想戰爭的結果，竟剷除了中國舊有的一切思想的根基，也摧毀西方學術界所傳布過來的一切思想的幼苗；而它所帶來的卻並不是任何新思想體系的創建，恰恰相反，乃是極權統治者的教條束縛了全中國人民的智慧！

中國思想界墮落到今天這步田地，老實說，「五四」以來曾在學術界負有領導責任的人們是無法辭其咎的。他們不曾將知識青年引上獨立思想的正途，眼看著千千萬萬熱情、純潔，而又求知慾極強烈的青年朋友們被極權主義者牽著鼻子，一步步地走向毀滅之路。而新文化運動所帶來的一批新知識分子們，也竟連傳統士大夫的一點起碼氣節都保持不住，筆尖兒一味隨著統治者的利益方向的變換而轉動。文化界的領導者既是這樣的軟弱無力，我們怎能希望有愛真理甚於生命的知識分子產生呢？至於加速中國青年向左轉的步伐的政治因素，更是人人都看得清楚的，用不著我在這裡多說。

從表面上看，今天的中國大陸真是一個思潮澎湃的智慧之海；「思想改造」的運動不斷地在進行著，每一個人的思想都在「搞通」途中。我們還有什麼思想問題好談呢？然而當我們揭開了「思想搞通」的面紗，看清了它的廬山真面目時，我們不禁為之愕然了！錢穆先生在他的近著《中國思想史》的自序中說得很明白：「其實彼輩所謂搞通思想者，其骨子裡即為反對思想。彼等誤認衝突矛盾為思想之本質。果如是，則思想搞通，即成不通……思想真搞通了，即成為無思想，於是將重造衝突，重求搞通。如是則搞通，清算，復清算。永遠是一個搞不通與算不清的不了之局。」其實說極權統治者（注意：我祇是說「極權統治者」，不是說一切信仰極權主義的人。）錯認了思想的本質，已嫌學術味太重，抬舉了他們。在我看來，古往今來的一切統治者根本就不需要真的思想，思想在他們的心中祇不過是統治工具的一種而已，是和刀劍槍砲之類的武器沒有任何不同之處的！耶穌時代的基督教思想是何等的令人愛戴，可是自從它躍登羅馬國教的寶座以後，竟完全換了一副猙獰可怕的面目！儒家思想在孔子時代又是何等的令人敬仰，可是自從漢武帝「罷黜百家，表彰儒術」以後，一部分儒者竟喪失了弘毅進取的精神，沒有絲毫的生氣了！這些淺近的史實都說明了一個真理：思想雖可以而且應該指導政治，但卻絕不能成為政治的工具；任何美好崇高的思想，一旦變成了統治者的工具，便會立刻失去它的一切優點。馬克思主義自然也無從例外！

誠然，我們在思想戰爭中的失敗是慘重的，但也並沒有到不可挽救的絕望境地。人類數千年文化的積累，思想的遺產絕不是極權主義者的武力所能夠毀滅盡淨的。如果我們能夠認真地在思想園地裡努力開創，則共產主義的所謂「思想體系」是不堪我們一擊的。那麼，自從共產主義征服了中國這四年來，我們在思想方面做了些什麼呢？我們矚目海外的出版情形，真不能不令人為之氣短。在已出版的許多書刊中，嚴肅的作品已經是少得可憐了，而在這點少得可憐的作品中，有關思想問題的更不到十之一二。從目前我們這種七零八落、卸甲棄盔的思想隊伍來看，勝利的希望實在是很難想像的事。

我這本《到思維之路》便是抱著這種憂慮的情懷寫成的。但我絕不是說，這本小書可以填補這樣大的一個空隙；事實上，它不過是作者個人的思維能力在這種空虛感的壓迫之下的一種反抗表現而已；它不是一種有系統的著作，而是一番有系統的思維的結果。在我們的思維路上滿布著亂石和荊棘，因之，我們第一步的工作便得是掃除一切阻隔著我們通向思想創建之境的障礙。在這本書裡，我沒有絲毫「建立思想體系」的雄圖，也沒有介紹這一派或那一派的哲學意願；我僅僅嘗試著去解開我們這個時代所存在著的若干思想上的糾結，並企圖從多方面的討論中共同襯托出思維的原貌，發掘出思維的本質。由這本書的對象是青年朋友，我在寫作時便完全採取了一種談心式的輕鬆態度；有時雖也有幾句嚴肅的話，可是絕不是說教；有時雖也引徵一些古人的文字，可是絕不擺學究的面孔；有時雖也動點情感，可是絕不煽動；有時雖也寫下幾句構造謹嚴的詞句，可是絕不賣弄邏輯。在形式上它無拘無束，自由自在；在內容上，它則是信筆寫去，卑之無甚高論。我很明白，它的淺薄不值學者專家的一笑；但我卻深信，它的真誠一定可以獲得青年朋友的同情。

最後，請允許我借用胡適之先生的話來表達我內心願望：「從前禪宗和尚曾說：『菩提達摩東來祇要尋一個不受人惑的人。』我這裡千言萬語也祇要教人一個不受人惑的方法。被孔丘、朱熹牽著鼻子走，固然不算高明；被馬克思、列寧、史大林牽著鼻子走，也算不得好漢。我自己絕不想牽著誰的鼻子走，我祇希望盡我的微薄的能力，教我的少年朋友們學一點防身的本領，努力做一個不受人惑的人！」

余英時　一九五三年十月廿三日深夜

思想問題在今天！

思想本來無所謂青年老年之別，我們也找不出一種僅僅屬於青年人或老年人的思想。任何一種思想，就其成為一種社會思潮來說，其信仰者一定是包括各年齡層的人們的。我們何以特別要同青年朋友們談談思想的問題呢？這根據於事實者遠較根據於理論者為多。一般的說，青年期間是比較容易接受思想的年代；一個人思想的成熟大抵總在二十歲到三十歲之間。當然，例外也是有的，尤其是大哲人們往往一生中，思想經過若干層次，所謂「五十而知四十九之非」是也。

思想成為一種問題，對於中國說，的確是相當陌生的。西方自文藝復興以後，新思潮開始興起了，十六世紀宗教革命更帶來了許多為信仰而流血鬥爭的驚心動魄的偉蹟；從此，思想自由的問題便在西方社會中占據了相當重要的地位。不過，封建教會對於異端思想的迫害，在當時雖然顯得非常毒辣，可是若與今天我們所面臨的極權統治者（法西斯主義與共產主義）對於不同思想的摧殘比較起來，前者反而算是很寬大的呢！英哲羅素氏在他最近所寫的一本小冊子（《自由是什麼？》）上說得很清楚：「佛教、基督教、馬克思主義都是從個人發端的，但在極權國家中他們都不可能產生。伽里略受了異端審判所的虐待，可是若與現代極權國家的虐待方法比較起來，還是小巫見大巫呢！他並沒有被處死，他的著作也沒有被焚毀，而他們的門徒更未受到清算。」由此看來，在西方，思想問題的真正嚴重化也還不過是近三、四十年（自蘇聯極權運動成功以後）的事。在中國呢？我們更是從來不曾發生過思想問題，中國傳統社會儘管有不少壞處，但對於保持思想自由這一點，總算是差強人意。春秋戰國期間，諸子百家爭鳴，史家通常公認為中國學術思想的黃金時代。秦皇漢武雖先後有「焚書坑儒」和「罷黜百家，表彰儒術」的傑作，然而「異端邪說」並未真的從此絕跡。王充的異說、范縝的無神論、韓愈的反對佛學都沒有受到任何迫害，這倒真是值得我們中國人引以為榮的事！

思想給予社會的影響，是無法從具體的存在上觀察出來的。人類文明的不斷提高，顯然主要得歸功於新思想的不斷創造。我們無論從任何國家的歷史上去研究，在文化思想蓬蓬勃勃的發達之後，接著的總是社會繁榮與進步的到來。反之，一旦思想自由成了問題，遮蔽著整個社會光明的烏雲也就一步步地向我們逼近了。羅馬權威的建立，基督教躍登國教的結果，是給中古歐洲帶來了長期的黑暗；而西班牙人的霸權的確也曾一度使義大利文藝復興之光輝黯然失色！個人的價值在那裡呢？偉大的創造來自何處呢？離開了思想自由，這一切都將無從談起！

「五四」以來，經過了文化上的大革命，思想自由更成為中國知識分子的積極信條了。我們爭求民主、嚮往科學，其唯一的憑藉也祇有思想自由。嚴格的說，直到中共掌握了中國政權之後，思想才真的成了問題了。三年來，無數的知識分子在威迫利誘之下，參加了所謂「思想改造」的運動，他們固有的智慧與學識在新統治者看來根本不值一文，而統治者希望於他們的也祇是共同達到統治者所預先安排好了的結論。在這期間，我們看到了多少我們過去所崇敬的哲學家、思想家，自己否定了自己的畢生成就。我們還看到了更多的青年朋友「在搞通了思想」之後，一次一次地扮演者「大義滅親」的人倫慘劇中的主角！我們多數人祇知盲目地對他們加以責備，但很少人能深切瞭解到思想問題的嚴重性，而去實地體味他們的心情；更沒有人會想到，所謂思想問題又是怎樣一件荒謬絕倫的把戲！錢穆先生在他的新著《莊子纂箋》一書的自序中曾有如下的警語：「版垂竟，報載平津大學教授力集中改造思想，競坦白者踰六千人，不禁為之廢書擲筆而歎！念蒙叟復生，亦將何以自處。……此六千教授之坦白，一言蔽之，無亦曰墨翟是而楊朱非則已。」一句話，中共所謂的思想問題便是要將一切不同於馬列主義的思想學說完全而徹底地消滅清淨。思想不能由人民自己做主，而得讓統治者替我們安排，這真是曠古未聞的怪事。

在古代，以及中古的社會中，人類文明的程度不高，愚昧的統治者的統治思想的企圖尚情有可原。而且在那時，祇要你不發表違反權威的言論，你是不會受到任何懲罰的；統治者也並不強迫你接受它的思想。在今天，極權的暴君們卻不肯如此輕易地饒過你的，他們不但要將你腦海中原先存在的思想挖去，而且還要重新把御製的教條填滿其中。回顧人類進步的歷程，我們對此真祇有無言嘆息而已！

這是二十世紀，原子時代，民主的呼聲高達雲霄的時候，而我們竟面臨著這樣一種荒唐的思想問題，不亦異哉！

「定於一」？

「天下惡乎定？曰：定於一。」這是中國歷代統治者的政治信條；西方資本主義社會中的大資本家雖然不敢妄想壟斷全國的經濟命脈，可是他們對於財富的累積卻也是不遺餘力。真正敢於名正言順地集國家經濟大權於一身的倒是近代的社會主義者。無論是蘇聯式的計劃經濟或德國式的統制經濟，其最終目的都是要使經濟權力徹底掌握在極權統治者的手中，這可說是經濟上的「定於一」。

古今中外許多偉大的思想系統不免都帶著一些獨斷性、專制性的氣味。每一派思想都要求所有人們成為它的信徒。還沒有躍登統治寶座的思想，無論它具有如何嚴厲的排他性，它對社會還是無能為害的，即使有害也不嚴重。不過一旦它被當權者所屬意之後，情形就完全不同了：它的優點將無從表現，它的缺點卻會被人發揮得淋漓盡致。不僅如此，統治者還要透過各種方式，強迫別人去信仰它。歷史上這樣的例子甚多；如西方的基督教最初是受統治者歧視的，耶穌以及無數教士們的殉道都祇是它未成為羅馬國教以前之事。其後則是教會權威的日益高漲，終至壟斷了整個中古時代的文化教育。中國儒學在春秋戰國時代是為各國君主所不取的，漢武帝以後儒術大興；千餘年來，它的基本思想一直是深深地植根在中國智識分子的心靈深處，流風餘韻至今不衰。傳統的讀書人倘若想在功名上，或事業上有所成就，四書五經乃是必讀的經典。這種統制思想的方法雖然比較溫和，也比較鬆弛，但欽定儒學阻礙社會進步的程度也是十分驚人的，這些都是我們所熟悉的淺近史實。

羅素氏認為，要求劃一性（uniformity）是人類的原始本能之一，我們姑不論這種說法是不是真理，然而人們在情感上總希望人人都和我一樣（無論在那一方面）卻是不容否認的事實。我已經指出，思想上「定於一」的企圖，在中外歷史上都一再出現過的；但是，多的維持千餘年，（其實仔細研究起來，由於社會不斷演進，任何一派形式上未變的思想，在實質上都是有了變化的，問題祇是程度的深淺而已。）少的三、五年，終究是要倒下去的。因此，在近代民主主義初露微光的一段期間，多數人們確是有著過分樂觀的想法的，以為從此不會再有人敢於嘗試統一思想的把戲了。即使在民主光輝最為黯淡的今天，持有此種見解者依然大有人在。然而客觀的事實告訴我們；近三、五十年以來，極權主義的興起，又在人類文明的歷程上投下了一道極其可怕的陰影。在嚴密組織、高度控制，和科學技術的幫兇之下，統一思想的花樣的確鬧得更為精彩了。話說回頭，極權主義者的得勢也並不是偶然的，正因為我們所面臨的時代是充滿著矛盾、衝突、鬥爭的時代，——尤其在東方，民族主義的火焰熊熊烈烈，青年的思想才很容易走上狂熱和極端的途徑。一般地說，宗教性的狂熱症是與一個社會的理性的程度成反比的，愈在缺乏理性的地區它愈是傳布得廣泛而迅速。這是助長極權主義的決定性的客觀因素。狂熱症又與統一思想有著不可分割的血緣關係，沒有狂熱的支持，統一思想是絕不可能的事。為什麼呢？緣由很簡單，祇有人們在情感極度奔放的當兒，他們才會為了某一個抽象的、縹緲的、不可捉摸的理想，而不惜犧牲自我。因此，在特定的地點與時間內，統一思想也未嘗不可以收功見效。共產主義者懸出階級鬥爭、民族主義兩大招牌，多數人（尤其是青年）的耳目便因而被炫惑住了。在此種激昂的情緒之下，「思想改造」的運動遂得順利進行下去。

但是我們千萬不能疏忽，共產黨人所普遍進行的「定於一」的運動，絕不是以往那些「定於一」的企圖的單純復活；正確的說，倒毋寧是它們的進一步的發展。首先，過去思想上「定於一」的基礎是很脆弱的，中古時代教育文化的統治是沒有政治和經濟方面的「定於一」的客觀條件做支柱的。而共產主義者的「定於一」的運動卻並不祇在思想一方面，在政治和經濟上他們也同樣有著嚴格的「定於一」的要求。僅僅主觀地要求人們思想「定於一」，或祇有某一方面（政治或經濟）的客觀條件的協助，這運動還是不易成功的，成功了也不易持久；反之，專制主義在政治上「定於一」或社會主義者在經濟上的「定於一」，倘若沒有思想「定於一」的支持，也更無法獲得長久的存在。共產黨人對此是深切瞭解的，因而他們的「定於一」是徹底而普遍的，是「一以貫之」的。這個運動一旦成功，其對於人類的損害，和阻礙文明的進展亦將千百倍於往昔，這一空前的危機實不容我們輕視了。

雖然如此，我們還是有信心，肯定共產黨人的妄想是不可能實現的。原因何在呢？我們可以分正反兩方面說；從主觀方面看，「人心不同，各如其面」，每個個體都有其獨特的思維，「定於一」的思想在邏輯上已不能成立；從客觀方面說，宇宙浩大、社會複雜，客觀條件隨著歷史的發展日益多元化，是以在事實上，思想的「定於一」也無法存在。

古今中外任何形態的「定於一」的運動都是訴諸情感，而不是以理性為依歸的。宗教上、信仰上的「定於一」和情感的關係是比較容易看出來的；政治上、經濟上的「定於一」由於常常與武力結合在一起，因而它所根據的情感基礎也常常被人們忽略了。其實這些運動不是少數情感的狂熱者的傑作，便是社會上一部分人們的情感激盪的結果；如果我們肯仔細加以思考，這一點是不難獲得瞭解的。但社會運動固然需要情感的維繫，卻尤其少不了理性的指導。何以故呢？情與理原是人類文明的一體之兩面，二者缺一不可（參看〈合情合理，合理合情〉一文），因之，即使「定於一」的動機很純潔，目的也很崇高；那也還是要不得的，會產生惡果的，何況今天這些少數瘋狂獨裁者的「定於一」呢？

情感是人的原始本能，這本能隨著文明的進步而愈益和理性獲致協調，儘管今天極權主義運動這樣轟轟烈烈，在歷史的無情考驗之下，在理性光輝的照射之下，這人類最後一次的「定於一」的企圖遲早也必然會煙消雲散的！

說「通」

近三年來，我們聽到了一個新的口號：「搞通思想」；這是中共企圖在思想上征服中國的主要武器。其實，顧名思義，「搞通思想」並不是一件壞事；反之，如果能做得好，倒是促使社會進步的重要力量。

芸芸眾生，有多少真正對人生、對社會、對宇宙都有很通徹的領悟呢？十之八九的人確都是思想不通的；這真是人類悲劇不斷產生的最根本原因之一。在我們的日常談話中，「通」與「不通」是極常被使用的詞句。此外，「四通八達」、「通人」、「開通」等等詞彙都告訴了我們「通」字是如何值得珍貴。那麼，據此共產黨人之強迫人們「搞通思想」豈不也是要使人人變成「通人」嗎？絕對不是。

這裡，我首先便要指出他們「搞通思想」的真義何在。人人都知道共產黨的思想是所謂馬列主義的；除此之外，他們不再承認任何其他的真理。而此外的一切思想則都被認為是反動的、落伍的。有了這樣一個絕對的標準，他們遂將一切不信仰馬列主義者全看作「思想沒有搞通的人」；而所謂「搞通了思想的人」也就是改信了馬列主義者。如果共產黨真的把馬列主義當作絕對的真理而信奉之，如果他們的動機與目的是純潔超脫的，他們如此做法——強迫別人信它——最多也不過和謨汗默德式的傳教，以及中古歐洲的基督教會的文化統治一樣，仍是無可厚非的。然而，真象卻迥非如此單純。唯物主義的世界觀和對於權力的執著都決定了共產黨人的理想性必將轉化為現實的利益。說穿了，他們無非是想透過思想的麻痺與腐蝕，以鞏固其極權政治的統治而已。信仰統治者的教條便是

「通」，否則便是「不通」，這樣的「通」究竟還有何價值與意義呢？

但是共產黨人的「通」固然是錯誤的，而通的問題依然存在卻也是事實。人們何以會「不通」呢？顯然是被什麼東西蔽塞住了。因此，中國古代大哲學家荀子便寫下了〈解蔽篇〉，教人以通明之道。什麼叫做蔽？「蔽者言不能通明，滯於一隅，如有物壅蔽之也」。有蔽便不能「通」，要「通」必先去蔽，這應該是「放之四海而皆準，俟之百世而不惑」的至理。人之蔽不止一端，「故為蔽：欲為蔽、惡為蔽，始為蔽、終為蔽，遠為蔽、近為蔽，博為蔽、淺為蔽，古為蔽、今為蔽」。王陽明氏也認為人之性本如明鏡，其所以不能通明者，蓋為塵埃所蒙蔽耳！禪宗的神秀和尚謁曰：「身是菩提樹，心如明鏡臺，時時勤拂拭，勿使惹塵埃。」也正是指出人類何以「不通」之故。

就思想上說，「通」與「不通」之別是表現在眼界的大小上的。〈解蔽篇〉開頭便說：「凡人之患，蔽於一曲，而闇於大理。」又說：「夫道者體常而盡變，一隅不足以舉之；曲知之人觀於道之一隅，未之能識也。」這幾句話真可以說是抓到了思想問題的癥結。馬克思、列寧，以及一切共產黨人也並不是一無所見的人，不過所見者實在太小、太偏，而他們卻坐井觀天，以為「天下之美盡在己」，這實在不值識者一笑。

偈促於一家一派之言，無論怎麼說，也是夠不上「通」的。「通」之義蘊應該拿「四通八達」來做註腳。思想真正通了的人是絕不會祇站在一個觀點上來看一切問題的；西諺所謂「條條大路通羅馬」便是此意。「不通」的人大概總是胸襟狹隘，氣概極小，稍有所得，便沾沾自喜，而以為通於天下萬事萬物之理，豈不哀哉！

其實「思想搞通」也並不是共產黨人的新發明，他們不過杜撰了這個名詞而已。佛家最喜講「悟」字，亦即通之義也。「頓悟」、「恍然大悟」……等都是指著人們通曉了真理時的情景而言的。不過，讀者們不要誤解，人的思想的通與不通倒不一定和讀書的多寡有何必然關係。據《壇經》上所記載的慧能與神秀爭傳五祖衣缽的故事來看，慧能不識一字，而悟境竟在神秀之上；也就是說他的思想的「通」的程度還比那位飽讀經典的神秀來得高些哩！

但是，我們也不能過分相信宗教家的神秘說法，以為「通」的人是比「不通」的人有著更深的「慧根」（在共產黨便認為是階級性）；實則對於某種思想的「通」與「不通」，係由人們於那一方面的蔽的多寡決定的。一個世俗慾望過多的人，自然不易成為虔誠的宗教信徒；同樣的，一個受獨斷性思想陶冶過深的人，也是很難接受思想自由的原則的。

前面已經說過，我們不能將對某一家思想的信奉，視為思想的完全搞通；怎樣才算是真「通」呢？一個民主信徒的「思想搞通」必須以承認一切異己思想的存在價值為前提。因為祇有如此，我才能把「蔽」減少到最低的程度。「你說的話我一句也不贊成，但是我為你力爭，你有說這話的權利」，伏爾泰氏的這句名言才真的充分表現出一位民主哲學家的「通」的精神。

「通」是什麼？簡言之便是摸索到了真理。但是真理太多了，我們如果不具有海闊天空的襟度，真理之光是不會照射我們的。李商隱「心有靈犀一點通」的詩句殊值得我們的體味；祇要有「一點通」，也就能點點都通，所謂「開竅」者是也。

宋人詞曰：「昨夜西風凋碧樹，獨上高樓，望盡天涯路！」唐詩也有「欲窮千里目，更上一層樓」的名句；祇要能夠「更上一層樓」去「望盡天涯路」，我們自然也就會「通」得更多一些的！

救出自己

「不見廬山真面目，祇緣身在此山中」。「在山中」我們便很難瞭解自己，瞭解自己在這個大時代裡扮演著什麼角色；也更無從認清在我們面前的又是怎樣一個世界。

我們人人都感到，這個時代是個人最無保障的時代。無論是生命或個人自由，即舉凡人權所包涵的一切內容，隨時都有喪失的危險。其實這些還是人們感官可以察覺得到的，往深處看，也並非最重要的。個人痛苦的最終極的泉源，分析到最後，倒是思想的無出路、無保障。一個人的思想看來似乎再自由沒有了，腦子裡面的事即使是最專制的獨裁者也管不著。其實，這是一個大錯覺。我們根本沒有察覺到，隨著近代極權主義的出現，人類的思想，無形中已被統治者加上了嚴密的鐐銬；這在中國表現得更明顯。近幾十年來支配著中國思想界的有兩大主流：共產主義與復古主義。我們看到多少有志於改變社會的豪傑之士，一不小心就捲入了紅色的漩渦，而不能自拔；我們更聽到那些自命為抵抗極權思想的洪流的人們在那兒力竭聲嘶地嚷道：「洪水來了，趕快退！孔子、耶穌、釋迦摩尼會救我們出險的！」至於一般的人呢？縱使未曾隨波逐流，也難免徬徨歧路，無所適從，我們的思想何嘗真有什麼自由可談呢！

然而，問題絕不在於中國。十九世紀中葉以來的最顯著的歷史特徵乃是人類似乎已經失去了思想的創造力。自從《共產黨宣言》出世以後（一八四八），還沒有任何一個思想家曾經在積極方面為人類指出一條正確的自救之道。當人類把真理和邪說混淆不清的時候，共產主義的洪流終於泛濫了大半個世界，消滅了千百萬善良的環境，這真是人類空前未有的大悲劇！

當大水向我們沖來的時候，最首要的還是讓自己站定腳跟，不要倒下來；然後才能談到其他。易卜生說：「有的時候我真覺得全世界都像海上撞沉了船，最要緊的還是救出自己。」中國禪宗和尚說得好：「菩提達摩東來衹要尋一個不受人惑的人。」「不受人惑」正是「救出自己」的唯一法門。怎樣才能「不受人惑」呢？那衹有訴諸理性。理性是人類永久可靠的好朋友。無論何時何地，衹要人們不放棄這位友人，人們總可找到通向光明的彼岸的橋樑。

在這裡，我絕不敢自負能說出什麼治國平天下的大道理來，我衹想盡個人一點棉薄的力量，使我們日常所較為熟悉的一些真理與邪說，在理性的鏡子面前現出原形來！

如果有一天，理性之花開遍了每一個人的心頭，那麼幾千年來人類「夢寐求之」的真、善、美的社會就真的來到人間了。

望盡天涯路

「救出自己」不是遁世主義，不是去尋求一個避秦的桃花源，倒是要更積極地去救世界，自救與救人原是分不開的一體兩面：人人都能救出自己，不就是在救人嗎？人人都救別人，不也是在救自己嗎？

所謂桃花源畢竟祇是文學家的幻想而已，就是那位漁人自己也沒有再找到了。其實，即使真的有桃花源，問題依然是存在的。洪荒時代的地球何嘗不是桃花源呢？但祇因為有了人類才帶來了許多問題。一句話，遁世是遁不了的，祇有拿出勇氣來面對現實去解決社會問題。好，更嚴重的問題就在這兒發生了：共產主義者要我們走流血鬥爭的路子去改造社會，復古主義者又要我們走回頭路，還有其他各家各派都是各有各的路，並且還各以為自己的路是「唯一的路」。「一面倒」便是在這兒滋長起來的。

但是，理性告訴我們，天下事絕非如此簡單，在歷史上，曾有不少人做過「一條路」的冒險嘗試。然而，沒有一個不是徹底的失敗。那位想「傳之萬世」的秦始皇萬萬料不到，他一手打來的天下到他的兒子手上就完蛋了。焚書坑儒也挽救不了專制王朝的悲慘命運。漢武帝罷黜百家，表彰儒術，思想定於一尊，不到百年，就有「異端」思想家王充挺身而出，「違儒家之說，合黃老之義」，「好論說，始若詭異，終有理實」，「釋物類同異，正時俗嫌疑」。

其實，天下的路原不祇一條，這是中外思想家所公認的。西方有一句諺語：「條條大路通羅馬」，中國《易經》說得更明白：「天下同歸而殊塗，一致而百慮。」這些都告訴我們，不應死守住一條路不放。在今天，不僅路越來越多，而且其中還有不少是死路，一個人走上死路還不要緊，若一個國家也走上了死路，那就真的要萬劫不復了。

因此，我們在決定向某一目標前進的時候，對於路的選擇應該特別小心。認不清的路，走不通的路，太曲折的路……都是不可輕易嘗試的。

然而，路又是非走不可的，怎麼辨呢？我們祇有通過理性——個人的理性與歷史的理性——去找一條比較最捷近、最平坦的道路。這使我記起古人的兩句詞來了：「昨夜西風凋碧樹，獨上高樓，望盡天涯路。」能「望盡天涯路」，總算是盡了一番理性的功夫了。

靈山祇在我心頭

當我們決定了應走的路徑後，第一個難題也就跟著呈現在我們的眼前了：我們從哪裡開步呢？一個社會的改造，有些人似乎以為是和他們漠不相關的。他們有一個共同的心理：社會反正是要變的，有我一個和少我一個根本沒有關係，而且成功未必在我，還是等人家去搞吧！這種心理，說穿了祇是因為一個觀念——「怕難」——在作祟而已。怕難當然就不敢開步走了。

至於一般革命者，或自許為革命者之流呢，卻又認為祇有他們自己才是真的在改造社會，一般人們，在他們眼中又成為渾渾噩噩的不知不覺者了。這種思想發展到極峰便是所謂「不革命就是反革命」。這又是把社會改造看得太具體化、形象化了。

佛家中有一首小詩，我覺得很有意義：「佛在靈山莫遠求，靈山祇在我心頭；人人有座靈山塔，各向靈山塔下修。」此區區二十八個字的真言，的確指點迷津引渡人到彼岸去的。禪宗六祖慧能的故事更可以證實此一真理。五祖的高弟子——神秀，精研佛理，悟境亦高，已經是當然的傳衣鉢的人了；卻不料那位一字不識在廚房裡打雜的慧能，在苦思冥索中達到了更高的境界，竟成為禪宗的一代大師。平時，我們曾看到每年有無數善男信女去南海朝拜，然而，真正參證了禪的，還是那些在深山野寺中苦修的高僧。

其實社會改造工作亦是如此，說它難，它確是一個長期事業，說它容易，祇要每個個人都肯在心理上，下一番除舊更新的工夫，它的進程便可以大大的縮短。共產黨人似乎最能懂得這個道理，因此，他們不遺餘力地進行「思想改造」。但是，他們並非迎合人們的一般要求，而給予人們新的指向，反之，他們是強迫人們去接受他們御製的教條的，因此，他們就注定要慘敗了。

社會改造絕不是少數人所能負荷得起的。他們必須獲得大多數人的支持，這樣，就必得借重於心理革命了。「心理革命」才真是改造社會的起腳點！

「天下興亡，匹夫有責」這是顧亭林的名言，每個人能把社會當作自己的，把社會改造看作是自己的事。這樣，在心理上，已是真正的開步走了，更何待於他人呢！

學而思，思而學

關於學與思的問題，遠在兩千五百年前，孔子便說過一句最精闢的話：「學而不思則罔，思而不學則殆。」他又說：「吾嘗終日不食，終夜不寢，以思；無益，不如學也。」在這短短的幾句話裡，我們顯然可以看到：孔子對學與思的關係的認識是如何的深刻；而同時，沒有「學」作基礎的「思」又是如何的貧乏！

學是什麼呢？是讀書。思便是我們一般所習稱的思想。在未正式談到這二者的相互影響之前，我們必須瞭解：孔子所謂的「學」究竟有些什麼具體的內容。首先，孔子的學絕不是純粹技術性的，如近代各種實用科學然，因此當樊遲向他問「稼」與「圃」時，他乾脆答以「吾不如老農」，「吾不如老圃」。大家都知道，孔子本人是「四體不勤，五穀不分」的；他對日常生活中最現實的問題的忽視，也許是因為他認為這些都無助於思想。那麼，他的「學」的對象倒是什麼呢？他說過：「吾非生而知之者，好古敏求而知之者。」「好古敏求」一語正道破了他的「學」的真諦。他之所以把「知古」看作「學」的全部任務，乃是根據「溫故而知新」的信條的。孔子最注重「禮」，所以「入太廟，每事問」；又謂：「殷因於夏禮，所損益可知也；周因於殷禮，所損益可知也；其或繼周者，雖百世可知也。」在古代，中國文化的精華都是寓於「禮」之中的；禮差不多包括了一切古代的文物制度。

好了，問題是弄清楚了：孔子的「學」的基本原則乃是要瞭解歷史文化的源流；然後再從其中推衍出一種正確的思想以指導未來社會演進的方向。孔子是中國歷史上最早的，而同時也是最偉大的一位平民教育家。他這種教育的原理的確涵攝了不少的真理，值得我們深思熟慮一番的。平心地說，最近數十年來的中國教育是走上歧路了。它祇教給青年們一些零碎的知識，卻不使他們瞭解世界各國文化的大本大源，和人生的大道理。青年們很少知道人類文明是怎樣進步而來的，而將如何繼續發展下去；也更無從明白，我們應該做怎樣的人。此種錯誤對中國前途的影響極大、極壞；青年們之所以容易走左傾的道路，也未嘗不是這一錯誤的結果！

其實，如果我們不能「學」到這種種最重要而又最有用的真知識，我們是無法獲得更多的真理，並踏入「思」的階段的。人類文明原是一點一點地積累起來的，我們目前的人生便是文明歷史的長流的產物。離開了歷史與文化，我們的人生也就毫無意義了。孔子要人學禮，俾瞭然於文化的來龍去脈；我們今天不是更應該珍重祖先的智慧的結晶嗎？思想必須與歷史文化打成一片的理由是很簡單的：我們的祖先還沒有摸到的真理，我們可以根據他們的線索，繼續尋求下去。思想原是具有原則性的，兩千年前的哲人所說的抽象道理，有的還完全可以適用於今天。共產黨最喜向青年們說謊：時代一變了，過去的一切也完全沒有用了。這真是一種不可饒恕的罪過！如果這話是真的，文明的價值又在於何處呢？其實歷史文化種種大學問是世世相傳的，即使是純科學的知識也是如此。如果今天還有人坐在家裡「發現地球是圓的」，那不會笑死人嗎？孔子、墨子、蘇格拉底、亞里士多德等等哲人誠然是過去了，但是我們卻不能說，他們的思想也完全成了廢物了。雖然其中已有不少的部分業已不合時宜，而若干原則性的真理總是永垂不朽的！

從歷史文化上著眼，我們明白了學與思的不可分割的關係。孔子要不是學過了豐富的周禮，他怎麼能發揮出一套博大完整的思想體系呢？當然，在今天學的對象是不可能止於書本的知識的。我們眼前的實際生活依然是思想的源頭活水。不過現實在空間上雖可以極度擴張，在時間上卻極其短促，我們還是不能把它從歷史的長流中切斷的。

反過來看，思對於學的重要性也是不容忽視。在本書〈說「通」〉的短文中，我已指出思想確是應該通明透徹。這裡我還得補充一點，沒有思想作指導的學識乃是無用的死知識。有人說，過去中國的舊式教育是讓青年們「讀死書、死讀書、讀書死」，其實這也就是「學而不思」的另一說法。學絕對也離不開思，沒有思考能力或不運用思想的人是無論如何學不出個道理來的，所謂「食古不化」者是也。

「學而不思」或「思而不學」都同樣地不能嚮導我們通向真理之路。我們一方面固應擴大生活的範圍，在現實的社會中覓取思想的材料（參看〈為有源頭活水來〉一文），另一方面還得不斷地讀書，經常接受歷史文化的洗鍊，掌握住真理所昭示的方向。

這樣，學而思，思而學，人類文明的前途永遠是一片光明！

變與常

不可否認，這是一個變的時代；從社會到個人，從制度到思想，都在劇烈地變動著。人們，尤其是青年朋友，對於一切變的都有著無限的嚮往之情，而對於一切現存的，也就是常的，則有著說不出的厭惡之感。是不是過去的種種都該徹底革除呢？抑或社會應當一成不變呢？變與常的關係又到底如何呢？在今天，這個問題實迫切地需要我們加以理智的思考。

本來，變與常的問題，在中外思想史上便一直是聚訟紛紜的所在。較為激進的人傾向於變，較為保守的人則傾向於常。早在紀元前六世紀時，希臘哲人赫拉克利塔（Heraclitus）即說過「一切皆流，一切皆變」，後人視此為辯證法的胚胎。而恩比多克利斯（Empedoeles）則認為「無論什麼東西，不能發生於無，亦不能消滅；萬物常在，求久保存」。這又是堅持常道的說法了。在中國，變與常也是莫衷一是的：孔子在川上而有「逝者如斯夫，不舍晝夜」之嘆，這說明了他的變的宇宙觀。相反的，老子卻是一個反對變的人，因此他說：「不知常，妄作凶。」又說：「知常曰明。」西方的辯證法源遠流長，是一種以變為絕對的存在的理論；而中國亦有《易經》一書對於變之道發揮得淋漓盡致，故西方人把它譯成*Book of Change*。我們都知道：數學上也有所謂「常數」（constant）與「變數」（variable），可見常與變的問題，實在是無所不在的。

一般人的看法，總是把變與常當作是對立的：有變便沒有常，有常便沒有變；又由於在現象上，萬事萬物又確是隨時在變動著的，因此，變之說便比較能夠吸引人些！尤其自馬克思剽竊了黑格爾的近代辯證法以後，不少的人遂以為變的理論已經科學化，一切主張常道的說法總難免要被譏為落後的，或反動的。當人們在以變為絕對的科學真理而欣忻鼓舞時，對於物理學上一條最簡單的定律——物質不滅——他們已不再有記憶了。

盡人皆知，共產黨人是提倡變道最力的。如果他們真正堅持其變的哲學到底，自思想自由的角度來看，倒也無可厚非。可是他們怎麼樣呢？說穿了實在矛盾得可笑：他們在承認「一切無不變」的大前提之後，卻認為辯證法唯物論是「俟之百世而不惑」的永恆真理；同時復嚴厲取締一切異己的事物要使社會全部「定於一」；其下焉者更將必然要死（變）的史大林預頌成「永恆的太陽」。一句話，凡是對他們有害的是變的，反之，對他們有利的則是常的。世間荒唐事尚有過於此者乎？

變並不是壞事。中國成語說「窮則變，變則通」；無論是一個社會，或一個人，到了日暮窮途的階段是絕對應該，而且也必然會變動的，所謂「山窮水盡疑無路，柳暗花明又一村」是也。從這一角度上看，我們也不妨承認人類的進步是不斷變化的結果。然而祇要我們肯仔細思考一番，我們是無法尊「變」道為絕對的真理的。原因很簡單：變不足以解釋人類文明成就的全部。當我們談到「歷史」、「文化」等等名詞時，我們最先聯想到的便是一種連續不斷（continuity）的狀態。數千年文明人類的歷史，是有一條不變的線貫穿其間的。如果變之中沒有常，各種變化都是各不相涉的話，文化如何得向前發展，社會又如何得維持著統一性呢？不僅社會如此，自然界也是一樣，宇宙的末日如不到來，自然本身總會是一個不變的常道的。

不錯，我們今天的社會與數千年前的社會是不同了，是起了變動了，可是，就社會本身的客觀存在言，古今實並無二致。變在近代中國之所以引起人們這樣大的興趣，主要的原因是來自屢次的政治變革。早在戊戌政變時代，康有為即高唱「全變速變」的口號；此後的革命者，其著眼點也全在「變」上，常道的黯淡真是值得我們同情的事。失去了一根永恆不變的歷史線索，無數的變化便祇能是一盤散沙，毫不相干的。

必須聲明，我要人們注意常道的價值，其意義絕不同於什麼「以不變應萬變」。這一句似通非通的話即使在最簡單邏輯上也不能成立。實則常道之中亦有變的存在，非變無以見常，非常不足以盡變。離開了變的常固毫無價值可言，失去常的憑藉的變，也高明不到那裡去。

說到這裡，我們的問題弄清楚了：變與常不是相對立，相排斥的；而毋寧是相反相成的。關於變與常的正確關係，我認為荀子有一句話最能表達其意，他說「夫道者體常而盡變」，王先謙註曰「猶言天地長存，能盡萬物之變化也」。常中有變，變中有常，這才真的接近了真理的邊緣。

語云：「萬變不離其宗。」一點不錯。我們倘不是從常的角度上去看人生、看世界，變又何從而顯現呢？世界正在變，掌握著變的權威的人類，似乎應該看清此一變中之常——文明從何處來的，又將怎樣才能發展下去。一味憑著我們一己的激越之情、英銳之氣，而胡變亂變一番，其結果是使自身陷入萬劫不復之境。目前共產黨的「變」不就是一個最典型而又最現實的例子嗎？

逝者如斯夫！

一個社會劇變的時候，人們在思想上很自然地便會分成兩個相反的方向：新社會的開創人和舊社會的維護者。前者要我們向前走，後者卻要我們向後退。向前走當然也有盲動的可能，然而，就社會價值來說，至少有掃舊的功績；向後退看來似乎很持重，但實質上，乃是社會進步的大害。

中國歷史上有一種奇特的現象：有志於社會改革的思想家、政治家們，都喜歡把他們自己的新理想托之於古人的意思，這便是所謂「托古政制」。孔子、孟子「言必稱堯舜」；墨子也有他的「堯舜」；王莽的改革本是順乎當時土地兼併、貧富不均的社會要求而來，卻因與濃厚的復古氣氛交纏在一起，而處處行不通；王安石變法的理論根據是他的「三經新義」，卻也自以為法堯舜，通聖賢之意呢！

這些人雖然用的是舊瓶，但畢竟其中還有些新酒。有些「祖先的崇拜者」簡直就想照著〈禮運篇〉、《周禮》去一一實行。其實，這不過是古人的幻想而已，誰還能相信三代以上中國就有了這樣理想的社會呢？自從與西方文化接觸以後，新舊之爭又和中外之爭分不清，復古主義者更是振振有詞了。

在反共產主義鬥爭的今天，不少人想要拿孔子、耶穌、釋迦摩尼的「愛」的精神來打倒共產黨人的「恨」的哲學，他們的熱情固然可嘉，他們的虛妄卻委實可笑。他們根本不曾瞭解到共產主義的興起乃是有其實際的社會根源的，而絕非一個抽象的「文化精神」問題。幾千年前的聖人，無論如何偉大，也不可能解決幾千年後的社會問題。說穿了，他們實在並不瞭解共產主義的本質，而祇是根據一些浮淺的感性認識，在心中杜造一個共產主義的面目，然後再抬出古事昔賢的教義來，作為罵它的張本。這樣的反共，不僅是太偷懶、太無力，反而足以助長共產主義的氣焰。

「大江日夜流」，開倒車無論如何都是要不得的。如果我們能向前看，信賴文明人類的智慧是愈來愈高，那麼，我們的確可以找到更新穎的思想武器去打倒敵人。時代永遠是進步的，祇有跑到共產主義的前面才有資格反對它，落在人家的後面是什麼都談不上的！

「逝者如斯夫！不捨晝夜。」這是孔聖人的慨嘆，但卻把握住了時代進步的真理。復古主義者似乎應該去體會它的深長意味吧！

合情合理，合理合情

正如「變與常」的問題一樣，在青年朋友的心靈深處，情與理也是一個未獲得適當解決的問題。

人生活在世界上，是免不了要和他人發生關係的，老子的「小國寡民」、「老死不相往來」的理想，畢竟祇止於理想而已，並沒有真的實現過。而西方著名的小說《魯濱遜漂流記》中所描寫的孤獨生涯也僅僅是文學家的幻想，事實上同樣是不存在的。人與人既然一定得發生關係。那麼，問題就接著發生了：每個人都把他自己當作宇宙的中心，彼此的衝突遂勢所難免。因此，其間必須有一種維繫與均衡的力量；據我個人的淺見，情與理便恰恰是此力量之一體的兩面。

人與獸，文明與野蠻的真正分野在那裡呢？判斷的標準顯然是情與理。社會的進步與落後，安定與動亂，其根本原因又是什麼呢？問題的癥結也依然離不開情與理。情與理和我們的生活有著如此密切的關係，我們究竟應該怎樣來理解這個問題呢？不幸得很，幾千年來，情與理一直是一個聚訟紛紜的所在。人們習於把二者的關係瞭解為相衝突、相矛盾的；不是情損傷了理，便是理妨害了情；真是所謂「魚與熊掌，不可得兼」。

這種看法當然並不是全無緣由，在表面上，也和變與常一樣，這二者確不易協調。但此種現象的認識距離問題的本質尚有一段漫長的途程，也是不容否認的事實。在中國古代思想流派中，情與理都是各有其代表。大體上最顯著的是：儒家代表唯情主義的一派，法家則代表唯理主義的一派；而墨家的著眼點也偏在理上。儒家最重人性，故主張一切從個人的正心修身做起，孟子說「羞惡之心，人皆有之」，「側隱之心，人皆有之」，又謂「不忍之心」的「仁政」，都是唯情論的證據。惟他們專從人倫之私愛出發，來看社會一切問題，結果君與臣的關係竟轉化成父與子的關係，這亦未始不是一個重大的缺點。（宋儒的「理學」對於情與理的關係又有著不同的瞭解，非一言可盡；這裡姑且從略。）法家一部分是從儒家脫胎出來的，所以荀子亦有幾分偏向法家。他從性惡論出發，故主張「立君上之勢以臨之，明禮義以化之，起法正以治之，重刑罰以禁之，使天下皆出於治而合於善也」。後期的法家大師韓非便是荀子的高足，大抵法家所最著重的是富國強兵之道，如前期的法家李悝、吳起、商鞅都藉著君主的權力而從事政治改革。法家的缺點在太無情感，祇一味講理，即西方所謂「冷酷的理性」（cool reason），結果到處行不通，此所以吳起、商鞅最後都做了悲劇中的主角也。墨家講兼愛，似乎也是唯情論者；其實，他們抹殺了人情濃淡輕重的差異，還是祇能歸於理的一派。唯情主義的儒家到後來竟流為「矯情」，其情變成了不合理的「情」，如「三年之喪」到東漢期竟有擴展至數十年者。而法家後來給予中國人印象亦極惡劣，所謂「酷吏」即淵源於法家。於是這一派的唯理主義也就成了不合情的「理」了。

歷史的回顧，使我們瞭然於中國傳統社會中，情與理的安排未臻協調之境。本來儒家的「發乎情，止乎禮」是一句極好的話，所謂禮也就是理的社會化。理必須建築在情的基礎之上，情亦不能越出理的範疇。但可惜這話說來容易，做到則甚難。其實不僅中國如此，西方社會也未嘗不爾。由於過分重視法治，西方的理智氣氛是比較濃於人情味的。由此看來，情與理的不諧和的事實真是充滿了我們的世界呢！

情與理的關係之所以如此畸形，主要的癥結乃在於我們未能瞭解這二者實際上乃是一體的兩面，而不是對立的兩物。中國成語「合情合理」即充分說明了此點。真情與真理絕對相吻合的；所謂「法律不外乎人情」是也。清儒戴東原因為反對宋明末流以來的不合理的「理學」，也對於情與理有了透徹的領悟。他一則曰：「聖人之道使天下無不達之情，求遂其欲，而天下治。後儒不知情之至於纖微無憾是謂理；而其所謂理者同於酷吏之所謂法。」再則曰：「理也者，情之不爽失也。未有情不得而理得者也。」三則曰：「在己與人，皆謂之情；無過情，無不及情之謂理。」這些話已是很平實的理論，和俗話所謂「合情合理」相去不遠矣！客觀的事實告訴我們，人的本身即具有理智與情感兩大元素。因此，很顯然的，如果我們祇發展其中之一，或過分發展其中之一，整個社會無論如何都無法獲得協調的。情是浪漫的、激盪的、狂熱的；理則是嚴肅的、寧靜的、冷淡的。唯理的生活好像沙漠一樣的枯燥、單調；而唯情的生活卻又似波濤般的衝動、激盪。

一般的說，青年人是比較容易為情所囿的，而老年人則重理的成分較多，許多狂熱的革命都是青年的激越之情的產兒。共產黨人本身是愛講「理」而絕不留情的人；但他們卻又深切地瞭解到如何去利用青年們的熱情，以為實現其政治目標的工具。這真是曠古未有的大陰謀！

我承認理性的崇高價值，各種自然科學、社會科學等，無一不是理性的成就；而我們之所以能辨是非善惡，也完全仗著理性的光輝。但是僅僅是理性的人生，還不是人生的全部。因為它不能使我們體會到人生的深邃高遠之境。人畢竟是人，不是機器，因此也永遠無法祇滿足於理的充分與正確。在理之外，我們更須有情的人生；家庭之愛，朋友之情，與夫怡情山水之間，都不是理的範疇所能盡的。人類的問題不僅是吃飯穿衣的問題，而且還是如何吃飯穿衣的問題，也就是說，人不僅要生活得真，同時更要生活得美。人們常常說的「藝術的人生」或「人生藝術化」也便是指情的人生而言。所以古往今來我們一切的藝術的成就都是「情」的創造，而我們所最稱頌的宗教精神主要也還是「情」的產物。情在整個人生中既占據著如此重要的地位，那麼離開了情，我們還有什麼可說呢？

情與理的關係該如何呢？現在我們可以有結論了。情與理是一個相互均衡，相互補充的不可分的整體。必須是合情的才能合理，也必須是合理的才能合情。有情而無理或合情而不合理，與有理而無情或合理而不合情同樣是不完備、要不得的。

文明是否進步呢？人生是否有意義呢？這都看我們對情理有沒有一個合理的均衡安排！

「吾道一以貫之」？

前面我寫過一篇〈「定於一」？〉的短文，在那篇短文中我曾指出一切統治者在政治、經濟，特別是思想方面的統籌劃一的企圖的錯誤。在這裡，我要談談另一種方式的思想「定於一」的問題。

中國自孔子說了「吾道一以貫之」這句話以後，許多人都不免對「一貫」心嚮往之。一些主觀一元論傾向比較濃厚的人無論在那一點上有所見，總是要把這一點「見」普遍化，而持之為解釋一切問題的共同原則。

這本是一種個人對於思想的態度，看來似乎貽害於社會者極微，然而我們仔細分析起來，實覺得此風大不可長。因為它的積極的壞處固然談不上，它的消極的弊病卻依然不容我們忽視。「吾道一以貫之」是中國古代的說法，若用西方近代的話來說，便是所謂「我有我的思想體系」或者說「我所信仰的思想體系是無所不通的」。在西洋哲學界中，德國的思想是最注視「一貫」的；有人說德國人寫的《哲學概論》往往祇是「我的哲學導論」的另一種說法。這種思想的態度一旦和權力結合之後會招致什麼樣的實際後果呢？納粹主義和共產主義的發展便是最明白的答案。

比起德國的思想界來，中國的情形倒不算太嚴重了。「吾道一以貫之」的態度這不僅見於儒家，老子那樣便溺自下，也說：「知我者希，則我者貴。」在春秋戰國的諸子百家中，孟子說能言拒楊墨者皆聖人之徒，更是「吾道一以貫之」的高度表現了。德國的黑格爾與馬克思比我們中國的思想家尤為自負。他們各自有其謹嚴的思想體系，而同時也各自謹守其一己之體系不放。其實，所謂「道」，所謂「思想體系」不過是教養較深的「雅人」們的說法罷了，一般的人雖沒有談「道」或建立「思想體系」的雄圖，但是在潛意識中，他們還是有著與此相類似的想法。中國人不是開口閉口就說什麼「我有我的一套」嗎？「一套」也者卻正是「道」或「思想體系」的通俗化哩！

這種態度在理論上的弊病還不是最嚴重的，但它在實踐中所構成的最大害處卻是直接杜絕了社會走向民主化的道路。舉例說，中國的「文人相輕」的風氣未嘗不是此種專橫獨斷的態度產兒。「此亦一是非，彼亦一是非」，「各是其是，各非其非」，根本不是尋求真理的方式；反之，倒恰恰隔斷了真理照射我們的光輝。如果人人都抱著這種態度，社會的民主還可能實現嗎？「五四」的時代，中國的學術自曾表現過一段相互容忍與尊重的精神，誰也不敢肯定他自己的思想是絕對的、唯一的真理。胡適之為了文學革命的問題曾從美國寫信給陳獨秀說：我們儘管知道文學革命是必要的，然而仍不能以我們的主張為「絕對之是」，不容他人爭辯；陳獨秀便不同了，他回信便認為必須以文學革命為「絕對之是」，此所以陳先生後來成了中國共產黨的創始人。

從主觀的一元論這一角度上來衡量，共產黨人的確算是天字第一號的了。他們把「階級鬥爭」的理論到處濫用，把馬克思主義尊奉為「放之四海而皆準，俟之百世而不惑」的永恆真理，而不允許任何異己的思想的存在。學養未深的青年朋友們是很容易上這個圈套的。他們稍涉辯證法唯物論之類的學說，便自以為通曉了天下萬事萬物的共同規律，而沾沾自得。本來按一般人的心理說，一元論確比多元論有著更大的吸引力，而主觀主義也比客觀主義更容易為人們所接受，其中部分原因恐怕必須在情與理的不協調的關係中去尋求：人們往往易於陷入狂熱的唯情主義的泥淖中，而無法平心靜氣地跟著客觀的理走。

共產黨的極權的壞處是人人所已經看清楚了的；然而真正能徹底根除極權主義的種子的人卻少得可憐，緣由是大多數人都不知病源之所在。不僅不能根除病根，而且不少反共的人倒常常在無形中製造共產黨產生的條件。那就是說，他們是抱著「吾道一以貫之」的態度來反對極權主義的；

殊不知極權主義卻正是在此種態度的基礎上建築起來的！

我們反對主觀一元論的理由是很簡單明瞭的：宇宙太浩大了，我們根本不能愚妄地企圖從某一個角度上來窺盡天下的真理，何況即使我們有所「見」，而此所「見」也未必便是真理或真理的全部呢！印度古代的那個摸象的故事，正可以為這一點道理註腳。每一個人抓住了真理的一面，卻把它當作真理的全部，未免太愚不可及了；祇有彼此容忍並尊重他人的思想，才有可能獲得通向全面的真理之路。

近代的民主哲學家便已深切地體悟及此。伏爾泰說：「你說的話我一句也不贊成，但是我為你力爭，你有說這話的權利。」這是何等真摯的容忍與謙遜的態度！羅素氏也認為自由主義者永遠不能把自己的意見看成至高無上的真理，而最多祇能說：「在這種情形下，我想，我的意見或許是最好的。」其實孔子所謂的「吾道一以貫之」以及「予一以貫之」並非像後人所解釋的「聖人之心渾然一理，而泛應曲當，用各不同。曾子於其用處蓋已隨事精察而力行之，但未知其體之一耳」（朱熹《集註》）。戴東原說得最好：「一以貫之非言以『一』貫之也。……言上達之道即下學之道也。『予一以貫之』……言精於道則心之所通不假於紛然識其迹也。」又說：「然聞見不可不廣而務在能明於心。一事豁然使無餘蘊，更一事而亦如是；久之心知之明進於聖智，雖未學之事，豈足以窮其智哉？」（見《孟子字義疏證》）由此可知，「吾道一以貫之」的本義原和俗語所謂「一通百通」的涵義是相近的。孔子並沒有堅持他的思想體系是唯一的真理，不過說他對萬事萬物已有了「一貫」的認識而已。此「一貫」者祇是原則，不是體系；祇是方法，不是內容。

但儘管如此，那種錯誤的「吾道一以貫之」的意識至今猶在各種不同的方式下埋藏在絕大多數人的心靈深處，這是中國民主遲遲不得實現的最根本原因之一。我個人的看法，我們今天在談思想以及思想方法等等問題之前，首先必須決定我們對自己的思想究竟應該抱何種態度，離開態度而空談方法實無異捨本求末、捨體求用，其結果又會高明到那裡去呢？

主義與問題

剛剛談過我們對思想所應持的態度的問題，我反對妄自建立思想體系的獨斷方式。但這可能引起讀者們的誤解，以為我是一個反對任何有系統的思想的人；因此在這一篇中，我要回過頭來，將「思想體系」的問題從正面檢討一番。

有系統的思想是否有價值呢？這真是一個迫切需要解答的問題。我們崇敬古往今來的哲人，無非是因為他們在思想上有所貢獻，而他們的思想之所以成為思想卻又正是由於具有系統性的緣故。這樣看來，思想體系的價值不是很明顯了嗎？我們又何據而反對「吾道一以貫之」的態度呢？其實這種說法祇是很表面的，我們所反對的「吾道一以貫之」乃是指著把一己之所見視為無上的唯一真理，而不尊重他人之「見」、他人之「道」的思想態度；當然，最應該加以反對的是無疑是謨汗默德那種一手持《可蘭經》一手持劍的「替天行道」方式了。儘管如此，我們依然尊崇哲人們的種種思想體系，雖然這種尊崇是有若干限制的。前面已說過，真理是多元的，未可一端而窺。每一位哲人的思想體系多少都含有真理的成分，而同時，也自然都不是真理的全部，我們如果能從許許多多的不同思想體系中去尋求真理，顯然要比在一家一派的理論中摸索真理更能接近真理些！思想體系之所以有價值實在此而不在彼！

不幸得很，思想體系實際上卻從來不曾有過這種應有的地位；人們不是過度地頌揚了它，便是過度地壓制了它。在學術史上，這種情形表現得尤為顯著。中國宋明學術比較傾向於體系的一路，二程（頤、顥）、朱

（熹）、陸（象山）、王（陽明）諸人都在心、性、格物、致知……等等義理問題上下功夫；他們雖然都是托庇儒家的大旗之下，實際上每人各有其思想體系，亦各視其一己之體系為真正的聖人之道。譬如朱熹與陸象山二人在思想上的歧異便始終未能調和。陽明之學雖說是繼承象山而來，其實仍是深造而自得之，體系頗為謹嚴。其間五、六百年，人們大抵是偏向思想體系一方面，而實在的學問則進展得極其微末。到了明朝亡國之後，學者痛定思痛，咸認為這種祇尚空談不務實學的學術風氣乃是亡國的主要原因之一；因此一時遺老如顧亭林、黃梨洲之流都成了漢學（考據）的開山祖師。反理學的氣氛開始發展起來，而有清一代遂盡是漢學家的天下了。益以異族統治下，文字獄迭興，更促使義理的門庭日趨冷落。總之，清朝學者的貢獻多在一件件孤立的考據方面，三百年來沒有誰敢公開建立起一種完整的思想體系。其間祇有戴震、章學誠等三、兩個人是例外，企圖治義理、考據於一爐。可是這些新思想體系在他們生前既已受到一般學人以至朋友們的反對，而死後也沒有人加以發揮，真令人為之惋惜不置。

這種畸形的病態的思想發展，直到如今都未能根除。「五四」以後，學術界上依然是義理與考據兩大壁壘的尖銳對立。義理派的門戶甚多，而以共產主義為其最高的表現；考據派則一方面承著清朝漢學的餘風，另一方面復受了西方實驗主義的影響，依然謹守其不談原則的崗位。胡適之先生因為目睹當時中國學術界上的主義太多，而要我們「多談些問題，少談些主義」。考據與義理是中國傳統的名詞，問題與主義則是近代西方的說法；字雖不同，其實則一。實驗主義猶如散漫的個人自由主義之敵不過有組織有計劃的極權主義政黨的攻擊一樣，共產主義終於代替了它，而躍登中國思想界的統治寶座，「定於一」的局面又形成了，所不同者「一以貫之」的「道」不再是孔孟程朱的「道」，而是馬恩列史的「道」而已。

從思想上追根，我們顯然已經看到：不瞭解思想體系的應有價值，其所實際貽害於中國社會者又是如何的深重了。思想體系（也就是義理或主義）乃是原則性、共同性的，問題（或考據）則是個別性、獨特性的。祇講原則而不注意個別的問題，便自然流於教條化的與獨斷主義的道路；反之，祇注意個別的孤立的問題，而沒有一個最高原則的指導，那麼，其結果也將會造成一種混亂、衝突、行不通的局面；而且，最後還是讓一派最獨斷性的思想體系來「一以貫之」。

不過有一點必須瞭解，這裡所謂的原則並不是指某一家一派的思想學說而言，倒毋寧是綜合各家各派在經驗基礎上所建立的一些關於社會文化的共同看法。同時，在不違反此種大原則的前提之下，我們還須根據不同的情形來處理個別的孤立的問題。舉例言之，我們認為近代中國社會需要民主，所以民主便是我們的原則，但是民主並不是任何一個思想家的思想體的體系，而是近代歷史的大潮流。同時，民主的原則是抽象的，因此在解決個別的問題時，我們卻不得不應用各種不同的方法，祇要這些方法不違反民主的原則。

由此觀之，主義與問題，或義理與考據，不僅在學術思想界上應該獲得合理的安排，而且，在社會問題上也同樣有此需要，在這種限制下的思想體系則是我們必須尊崇的。

主觀、客觀與思想

主觀與客觀是兩個最常習用的名詞，但是很少人曾仔細推敲過它的全部內涵，更少人瞭解它與思想的關聯。簡單地說，主觀與客觀是什麼意思呢？「主」與「客」是我們通常所謂的「主體」與「客體」，「觀」則是一種看法。因此，所謂「主觀」便是在主體立場上的看法，而「客觀」也自然就是在客體立場上的看法了。無論什麼事情祇要和我們人類有關都有主與客之分：即使是自然界，在我們的眼光也還是有主有客的；例如我們繪畫，或攝影，我們一定得選擇一副主客配搭諧和的景物，無論此主體是一株松、一朵花，或一座高山，其為主體則一。既有主體，當然一定也有客體，所以實際說來，主與客乃是一體的兩面。離開主便無所謂客，沒有客也無以見主。

主觀與客觀和思想問題有著特別深切的關係。顧名思義，我們已可知道思想絕對離不開主觀，也就是從人的頭腦中發生出來的。當然，一般地說，主觀的思想乃是根據客觀的事實而構成的；但是思想一經形成便多少與事實有了距離。緣由何在呢？因為思想原是人對於客觀事物的看法，儘管有些思想家自認為他們的思想是完全合於客觀事實或規律的，實際上則絕非如此，而且也毋須如此，我們所期望於思想家者並不在此。如果我們希望思想能指導生活，主觀能帶動客觀，我們便無法無條件地讚頌任何一種完全反映客觀事實的思想。何況我們對於一切思想的認識，其間又蒙了一層主觀的色彩呢？嚴格的要求思想合乎客觀，實是一種根本的錯誤。共產黨人認為唯物論、辯證法是絕對客觀的真理，是永恆的自然規律，其荒謬是很顯然的。事實上，如果思想完全合乎客觀，那麼思想就失去其為思想的意義了。文學家、藝術家寫景也有把花草樹木人格化的情況，而不是自然的單純翻版。自然科學是追求客觀真理的，但是翻開一部科學發展史，我們便會發現：許多古代大科學家所發現的種種自然規律，至今十之八九已被證明為錯誤，或至少也受到了詳細的修正；可見自然科學也並未能完全客觀化，人的主觀思想依然在其中作祟哩！在蘇聯，科學已徹底教條化了，一切不合乎「馬列主義」的原則的科學原理都被冠以「反動」的罪名，然而共產黨人卻依然高唱他們的理論是科學的、是最合乎客觀規律的，那真祇有天知道了。

世界上何以會有主觀客觀之別呢？實是由於有人的存在——不，更確切地說應該是有生命之存在。宋人詩說「萬物靜觀皆自得」，一點不錯。每一個有生命的存在，都有其一己之宇宙；在此宇宙中，他是唯一的中心，而此宇宙中的其他一切都是為他而有的、陪襯著他的，也就是說：他是主，其他一切都是客；不過因為人是最高級的生命之存在，所以，這種主與客的分別也特別來得深刻。而且，主觀與客觀的分別是無限多元的：整個人類對於大自然來說是主與客的關係，一個國家對全世界來說是主與客的關係，個人對社會來說也是主與客的關係……雖然，主與客的關係是如此的錯綜複雜，其間仍然是有著某些規律與限制，可以避免互相的衝突。世界戰爭之一再發生，社會動亂之一再興起，正說明了此種主與客的關係未獲得合理的安排。近數百年來，人類的努力都在追求一種使主客關係合理化的制度，那便是我們常常說到的「民主」。

必然帶有同樣的，在思想上，我們對主觀與客觀的問題也應有一個正確的認識。前面已說過思想是主觀性，無法全求其客觀；但反之，它的主觀也是有限度的，即不能主觀到抹殺客觀事實，與否定他人思想的程度。我們認為主觀的思想有其應有的價值，所以我們又主張人人都有其獨立的思想，不隨便讓別人牽著鼻子走。我們信仰任何主義都得通過我們自己的良知或理性，而不能由他人代為決定，事實上他人（即使是萬能的統治者）也絕對無法代我決定；有之，一定不會是真信仰。古人談作詩之難有所謂：「不似，則失其所以為詩；似，則失其所以為我。」這也正是在思想上協和主觀與客觀的根本困難所在：思想如果太求客觀，勢將不成其為思想，但如太不客觀，亦失其所以為思想之意。儘管在自然科學方面，我們已一步步地接近了客觀真理，但在人文科學方面卻至今猶無法歸納出任何一條「放之四海而皆準，俟之百世而不惑」的鐵律。

目前有一種頗為流行的錯誤想法，以為客觀必然比主觀好，梁啟超氏在《清代學術概論》一書中批評他和康有為的時候，說道「有為太有成見，啟超太無成見」，也就是說康有為是主觀的，他自己是客觀的。其實，他的話並不盡對，「太無」或「太有」根本便無從確定，其間相差也許祇有百步與五十步而已。我們如果稍稍留心，當不難發現主觀與客觀的問題是與上文所討論的「主義與問題」有著相互照應的地方，這二者的關係也應該和主義與問題的關係無殊。

理未易察！

前些日子胡適之先生在台灣講演，提到「善未易明，理未易察」這句古話，頗富於啟示作用。天下萬事萬物即使有運行的軌跡，其軌跡也不是直線的，而是走著迂迴曲折的道路，這本是很淺近的道理。前幾天，有一位自稱最愛好真理的青年朋友跟我討論真理的問題，他頗以現在還沒有發現一個足以對抗共產主義的真理為恨事。我告訴他說：「你太武斷了，把真理看成了絕對的具體存在，抱著這種態度去追求真理一定會大失所望。」同時，我還向他解釋，反共的真理已經散布在世界一切角落中，問題祇在我們有無慧眼去鑑識真理而已。事實上怎麼樣呢？人類是最能夠發現真理的，而同時也最不容易認識真理，往往和我們廝混了一輩子的真理，我們依然不認識它的真面目。例如我們在中學讀物理學，讀到槓桿作用的原理，總覺得很難懂，及至先生解釋說我們吃飯運用筷子的方法便是槓桿作用時，於是恍然大悟，原來祇是這麼一回事。這真是所謂「終身習焉而不察」的最好說明，也就是說，真理雖充塞乎天地之間，卻不容易為我們所察見。

這還祇是一種小道理，其實如果我們能細心觀察，學術思想史上種種大發明、大道理，也一樣不容易為當世人所普遍承認。孔子有道窮之嘆，蘇格拉底死於暴民的審判，耶穌則釘死在十字架上，這些都說明了世人的愚昧無知。以邪說為真理，以真理為邪說，正是人類悲劇一再上演的最大原因。

青年人正值血氣方剛之際，是最容易接受真理的年代，但也是最容易認邪說為真理的歲月。因為青年人的毛病在於太衝動，不肯潛心從理上觀察一切學說、思想的是非。在他沒有肯定某種理論為唯一真理的時候，他們是能夠認識並接受真理的；但是一旦有了一定的信仰，往往便會懷著愛好真理之心而摧殘真理，真令人見了哭笑不得。追源溯始，這是由他們把真理看作了太容易瞭解的東西的緣故。其實，人類文明程度愈高，真理也就愈不易察見，蓋真理的敵人總是很巧妙地化裝成真理的姿態而出現的。反之，真理倒是赤裸裸的，絲毫無所掩飾，因此，也就很難遇到慧眼的伯樂了。

有時候，某種真理在最需要它的時代出現的時候竟為人們所忽視，過了若干年代以後，倒偶然地被世人奉為無上的至寶，而這時，它的真理成分，已經減退了不少，自然界的真理是可能有永恆的存在，但人文界的真理卻總是或多或少有著變動性，最多祇能有若干最綜合性的原則才可以「俟之百世而不惑」。馬克思根據十九世紀的英國勞工狀況所研究出來的結論，在當時未嘗不含有相當多的真理成分，但當時的人對他卻沒有什麼反應，等到列寧、史大林之流拾起馬克思的舊話頭時（其中已有許多歪曲之處），早已牛頭不對馬嘴了。如今千千萬萬的青年朋友們沉迷在馬克思主義的「真理」中，以為天下之理至斯而盡，實在不能不令人為之慨嘆，世間盲目的信仰者何其多也！

「理未易察」，這句話實在是至理名言。如果人人都能隨時隨地抱著這種自我反省的態度來接受真理或追尋真理，總比較能夠更接近真理一些。最偉大的思想家常常是悲劇的主角；為什麼呢？「曲高和寡」，他一生便祇有在寂寞孤獨中消磨著生命的光和熱了。更不幸的，如蘇格拉底、耶穌、伽里略、哥白尼諸人連生活都不得寧靜，生之權利都要被剝奪，真理的代價實在太大了哩！

世界上沒有整體地存在的絕對真理，即使我們假定有一個絕對真理的存在，那麼這種絕對真理也祇是無數一點一滴的真理之累積。因此，真是無限的我們不能執一以為全，再有權力的人或集團也祇能壟斷具體的物質存在，對於真理、信仰，他們卻是無從獨占的，勉強以求之，效法謨汗默德一手執《可蘭經》一手執劍的辦法，徒足供給後人以笑料而已。

最後讓我介紹一段中國佛教史上的故事來說明「理未易察」這個觀念：南北朝時代的竺道生（即「生公說法，頑石點頭」的「生公」），對佛理有特殊造詣，當《涅槃經》（初譯《泥洹》）尚未完全譯成中文時，道生即提出「一闡提人皆成佛」的思想，所謂一闡提人乃是以貪慾為唯一鵠的之人，即人人皆有佛性之義。但當時佛門中人卻視之為邪說，群起而攻之，及後來《涅槃經》全譯本出，其中果有「闡提悉有佛性」之說，於是此說始為中國佛教徒所普遍承認。這個故事兼亦說明了人類盲目服從權威的劣根性，真理在常人的口中原是不值錢的哩！

人類究竟能不能生活在真理的世界中呢？這就要看我們對真理所抱的態度是否正確了。

解開心物之爭的死結

近幾十年來，中國思想界上特別流行著一種爭論：心與物的問題。唯心論與唯物論這些名詞是共產黨人所最常習用的；但此種極粗俗的分類法在哲學上卻非常不妥，故為西方正統派哲學家所不取。尤其是當中共興起之後，宣傳唯物論的廉價小冊子到處都是，青年朋友們一旦沉迷到其中去，就很難再清除此蔽，這實在是太危險了。

世界上的思想是不是如此鮮明地分成心與物的兩大壁壘呢？稍有思想

能力而又涉獵過思想史的人們是很容易對此作否定的答案的。但是儘管如此，這種錯誤的說法依然流行不衰，因此，我願意把它提出來探究一番。

首先，心與物究竟何所指呢？據共產黨人的說法，唯心論乃是說一切事物都是由心創造的，而唯物論則是說一切事物的產生以至運行的最後根源乃是物。他們認為世界祇有這兩種對立的思想，中間路線是不存在的，一元論是騙人的。這種理論並不是毫無根據。就我們現有的知識言，宇宙的最初存在以及演進到生物的存在這一階段而言，似乎確是先有物，然後才有生命、有思想的。然而即使這種說法是可信的，又能解決什麼問題呢？它最多不過能說明生物最初形成的情況罷了，人類既經存在並發展了文明以後，唯物論就不能再進一步的應用下去了。如果唯物論的物專是指有形的存在而言，那它便無法解釋生命、思想等究竟是怎麼一回事；因此，唯物主義者遂不得不把物的範疇推廣到包括一切無形的存在：生命、思想、制度等等。但是一旦唯物論中的「物」涵攝了「心」的成分，唯物論也就隨著破產了。這裡，我們要舉出馬克思的自相矛盾的笑話來做一個最典型的例證。馬克思無疑是近代唯物論的大師，他當然承認物是第一個存在，心是從物中產生的，在他的著作中，這種理論到處可見。奇怪的是他竟說過了這樣一句話：「歷來哲學家都是這樣那樣的解釋世界，但最重要的卻是去改變它。」這句名言一直為列寧、史大林，以及一切共產黨徒們所奉之為無上的真理，殊不知它卻宣判了唯物論的死刑。試想如果心祇是物的產兒，那麼它除了解釋世界（物）之外，還能有什麼作為呢？相反地，馬克思要用他的理論去改變世界，自然便是以心役物，也就等於說心是第一個存在，物可以隨心而變的了。唯物論的根據至此不是完全摧毀了嗎？當然，他們還可以狡辯，說什麼馬克思的理論也是特定的歷史條件的結果，它還是從物的世界中產生的，不過反過來又可以影響物的運動而已……，其實這樣推論上去，最後又得說到宇宙的開始，對於問題的癥結依然解不開；因為我們雖然承認宇宙開始時是物的世界，但是我們並無法瞭解混沌初開、乾坤始奠的宇宙和馬克思的理論之間又有任何必然的因果關係。

據此，我們至少可以斷言，唯物論是否可以應用在人類歷史發生以前尚得研究，至於用之於文明社會存在以後則是萬萬說不通的，儘管它所要解釋的恰恰是後者而不是前者。現在，我要正面地說明這一點：所謂心與物都是就「人」而言的，離開了人，心與物的問題根本便不會發生。心與物的區別既是因人而生的，那麼我們便不能不從人的身上來求得這二者的協調。無論我們談心或物都是就它與人的關係而說的；心是人的專利品固不消說，而物也是指著對人有直接或間接影響的特殊的物，不是一般的物。我們都知道：人的本身具有心與物兩重元素。這兩重元素是否有著同等的重要性呢？讓我們從歷史上求答案罷！在原始時代，物的重要性是無可比擬的，如無強壯的身體即無法存在於洪荒的世界；可是隨著文明的昇進，物的力量減少了，在今天，最強壯的人的身體也比上古時最弱的人的身體還弱了；但反之，心的重要性卻驚人地增加著，所以今天最笨的人比那時最聰明的還要聰明。考古學上所見到的人的腦量的變化便是最好的說明。這確是最重要的一點；心與物的重要性在人類歷史上是不斷昇降著的——心的相對作用越來越高，而物對人的限制則越高越易於克服。因此，近代科學昌明以後，人類在數百年間所創造的財富便比過去所有時代的財富的總和還多得多。不瞭解心與物是從人而生，最後又是統一於人的，不瞭解二者的關係是隨著文明的進步而一消一長的，那麼，最後便祇有墜入唯物論的窠臼，而無以自拔，就心和物對人的關係言，人類是越來越依賴著心，而不是物了，今日一切與人有關的物都是文明化的物，也就是被心所征服了的物；我們顯然已接近「役物，而不役於物」的境界了。

這是從一種動的、有生命的觀點上看心和物的問題所得的結論；我們不能撇開人而空談心和物。祇有在人類本身及其文明成就上著眼，我們才真的把握住了心和物的爭論癥結之所在，更祇有如此，才能進而解開這個死結！

更上一層樓

從前初讀辯證法唯物論、唯物史觀之類的書籍時，眼界似乎豁然開朗，好像體味到一種「頓悟」的境界，於是乎乃沾沾自喜，以為瞭解了這種哲學，便通曉了世間一切學問，共產黨的思想對青年人的引誘力的確是不容否認的。但是，隨著年齡的增長和知識範圍的擴大，我漸漸不能滿意於這種哲學了，我覺得它祇能使人淺嘗即止，絕無深度可言，從薄薄的小冊子到厚敦敦的大部頭著作，其間祇有量的區別，而沒有質的差異。對於求知慾稍強，而又稍稍受過理性薰陶的人們，唯物論的樊籠遲早是要被衝破的。

但無論我們怎樣說，唯物論的哲學對我們這一時代的青年的誘惑力，依然是存在的，一般人都認為這便是說明它是絕對真理的有力根據。其實，在我看來，與其說共產黨人發現了什麼哲學上的真理，倒不如說他們抓住了幾個時代的漏洞。其中最明顯的，莫過於社會上貧富不均的階級制度，以及國際間強弱懸殊的帝國主義與殖民地之矛盾兩點，這在東方，會看得更清楚的。無論是辯證法、唯物論或唯物史觀，其引人入勝之處絕不在它的哲學思想，而在它所引徵的現實例證，稍稍涉獵過他們的著作者，當不難承認我的話是對的吧！如果就這些理論的本身來說，沒有一樣是馬克思、恩格斯的創造，而是早已存在於過去已有的哲學、史學等範疇之內的了。

紀元前六世紀，希臘哲人赫拉克里塔（Heraclitus）早已認為萬物的根源是一種物質——火，這是原始的唯物論；另外，他又認為「一切皆流，一切皆變」，又可以說是辯證法的最初胚胎了。實際上唯物論在西洋哲學史祇是許多一元論哲學流派中的一支而已。近代辯證法是由黑格爾集大成的，仍是進化論以前的玄學把戲。馬克思強將費爾巴哈的唯物論和黑氏的辯證法拉在一起，而自詡為創造，說穿了真不值一笑。至於唯物史觀，其形式亦是導源於黑格爾的絕對觀念史觀，其內容則直接剽竊了法國社會主義者聖西門（St. Simon）的史觀。聖西門早已說過「政治，……是生產的科學」；又認為歷史是有規律可尋的，這些都正是馬克思「唯物史觀」中心思想。把馬克思主義解剖開來看，它就是這麼一鍋大雜匯。

本來，一元論哲學便比多元論容易吸引人。淺薄者流摭拾一二，便自以為能解釋宇宙間的一切現象。青年人學養不夠，又往往震於「科學的哲學」之名，一入圈套便擺脫不得了。控制著他們的思想的，並不是哲學的真理，而是一種狂熱的「階級意識」；它是訴諸情感，而非訴諸理性的。

如何跳出唯物哲學圈子呢？我看祇有先睜開自己的眼睛，看一看這浩茫茫的大千宇宙，到底是個什麼樣子。宇宙是多元的，人生是複雜的，一切教條式、獨斷式的玄學的哲學觀，最後，都將不可避免地歸於絕境。

「欲窮千里目，更上一層樓」。「坐井觀天，曰天小者」，已是愚不可及，至於那些以天地雖大都在井中之流，更是等而下之了。

解「執」

我們談過了「通」的問題，並認為人之所以不通乃是由於有「蔽」的存在，兩千年前荀子寫下了〈解蔽篇〉，因此，「蔽」之為害應是我們所已認識了的。現在我要談談另一思想中的癥結：執。

一談到執，我們很自然地會聯想到「固執」、「我執」、「執迷不悟」……等等概念，於是我們對「執」字便有了惡感，以為「執」總是要不得的。這種想法究竟對不對呢？現在讓我從頭討論一番。

「執」的最普通意義是把持，人們在思想上或物質上有所掌握都可以稱之為「執」，如人們通常把當權的人稱作「執政者」便是此意。人究竟應不應該「執」呢？目前多數人對這問題的答案似乎都是否定的。在否定「執」的價值的各派理論中，最徹底的一派當然是佛教。佛家教人「四大皆空、六根清淨」，可以說是破「執」的急先鋒，在近代政治思想中，有無政府主義的興起，也正是要打破傳統政治上的「執」。

但是，儘管破「執」者如此之多，「執」在各方面之存在卻依然是不容否認的事實。世間萬事萬物之存在都有其存在之理由。「執」自然也不能例外。照我們上面的解釋，「執」祇是人的一種行為方式，因此，它似乎便不應涵攝任何價值（善或惡）的說明。據心理學家告訴我們，嬰兒初出世時即有「猿握」的本能，而此種「猿握」也就是「執」的表現。如此說來，「執」倒是與生俱來的，我們更何從而否認它的存在的意義呢！

現在，讓我們看看中國古代對於「執」的見解。中國古代講「執」字最為中肯者是儒家。《中庸》說：「執其兩端，用其中於民」，故儒家是反對「執一無權」，孟子亦曰：「執中無權，猶執一也」，這便是儒家反極端、反調和的中庸之道。（執中無權是不分皂白的調和，其結果也無異於執一。）關於這一點古希臘哲人亞里士多德也持有同樣的見解，亞氏的中庸說（Doctrine of the Golden Mean）認為一切美德都是處於兩極端之間，如勇敢係處於儒怯與魯莽之間，慷慨係處於節省與卑汙之間，謙遜則處於羞惡與無恥之間……，我們把儒家與亞氏的中庸理論比附而觀之，可見他們都是不反對「執」的，問題乃在於所「執」者是否正當而已，所以《書經》中也早有「允執厥中」的話。

問題談到這裡，我們對「執」的種種看法可以加以澄清了。首先，我認為絕對地破「執」是不可能的，儘管佛家在口頭上說得如何超脫，它畢竟還要另懸一涅槃的境界，有此境界終還是有「執」算不得真解脫。因此，到了後來佛學與中國人文思想相結合，遂產生了禪宗。禪宗說佛即在人們的日常生活之中，也就是把極端的「執」改變為中庸的「執」，依然承認了「執」的存在價值。哲學地說，「執」是有，極端地破執是無；欲以無來代替有實在是一件不可能的事。人們在現實世界中感受了苦痛，轉而向宗教領域中去求得精神上的撫慰，並不等於說人們已從「執」走向了「無執」，而是人們的物質之「執」轉化成精神之「執」，而其為「執」則根本無殊。同樣地，在現實上也是如此，政治上絕對的無政府主義是行不通的。漢初的無為政治也祇是消極而已，絕非「無執」。

其次，「執」的本身卻無好壞之分，但視所執者的性質而定。我們不又常聽到所謂「擇善固執」的成語嗎？可見即使是固執也還不打緊，如果它真的是擇善的話。問題亦在於標準如何。據我的看法，中庸仍然是其中的重要關鍵。固執極端總是要不得的事。我們平常做人喜講「有所不為」。「有所不為」也正是「有所固執」；如果一個人毫無個性，沒有一點固執之處，即便是孔子所說的鄉愿了。大凡能堅持真理到底的人都是最固執的人，但因為他所堅持是真理，所以固執不僅不足為他詬病，倒反而增加了他的偉大。同時，真能擇善固執的人是最不固執的人——他的良知不允許他做違反真理的事，故發現自己錯誤之後，便會毅然悔改。

最後，「執」的本身容易引起衝突——多方面的衝突。善惡之「執」固然要發生牴觸，同是善之「執」或惡之「執」也一樣會造成齟齬。因此，「執」須有容忍來協調之，即人人都有所「執」而同時也承認他人之執。祇顧堅持自己的理想或權利，而忽視甚至妨害他人的理想或權利，即使所「執」者是真理也是一種不可饒恕的錯誤。

在今天這個世界裡，我們所看到的是充滿著各式各樣錯誤的「執」；有的「執」權力，有的「執」金錢，有的「執」教條，更有的幾樣並「執」。於是有心的人不免要想用破「執」的方法以救「偏執」或「執一」之弊，殊不知問題並不起於「執」的本身，而是源於所「執」者非善，以及「執」之權利僅存在於極少數人之手。如果人人都能「擇善固執」並各有所「執」，那正是人間天堂的到來，人類理想世界的實現。「執」之罪惡果何在乎？因噎廢食畢竟是世間最愚蠢的事哩！

求其放心

無可否認，我們的心一天到晚總是亂糟糟地沒個安放處。如果我們每個人肯反省一下自己，將不難發現：我們的心是非常複雜而又凌亂的。在枕上、在途中，或在閑坐的時候，我們的腦海中隨時都有著起伏的思潮；但這些思潮都祇是一些胡思亂想而已，並不真的是「思想」。上一秒鐘我們才想到山，下一秒鐘可能又想到了水；如此下去，毫無結果可言。這些思潮是怎樣來的呢？多數是起於聯想——即因感官接觸到外物時所產生的念頭。

不幸得很，我們寶貴的心也幾乎全部被這類聯想所占據。我並不反對聯想，事實上聯想是在我們心靈控制之外的；有過失眠經驗的人一定會感到聯想的痛苦。但是我們根據邏輯推論下去，如果我們一味地靠外物來觸起我們的思維，那麼最後我們將成為一無思想的人，對於任何問題都無法深入的瞭解了。這種事實，說明了我們的心總是浮在外面的，而不能放下來。當然我並不是說我們除了聯想之外沒有其他思想，我們生在世上總有許多問題要解決，在解決問題的時候我們的心一定是放下來的，是專注的。因為非如此便解決不了問題。然而我們為什麼要解決問題呢？是自動還是被動呢？除了少數人之外，答案顯然多屬於後者。不用功的學生平時在先生講課時，他的心總是浮在課堂外面，窗外的汽車聲、打球聲，以至天空的飛鳥都會引起他的遐思。但一旦到了考試臨頭，他也會暫時放下心來抱抱佛腳的。這便是他被動放心的最好例證。

不過另外也有少數人完全採取了相反的方式，他們的心常常是放下來的，放在某些專門的問題上。在歷史上我們不是常常讀到許多科學家、哲學家的笑話嗎？牛頓把手錶當雞蛋煮，孔子的「五穀不分」，愛迪生忘記了自己的姓名……。他們鬧這種笑話，顯然是因為「心不在焉」的緣故。他們的心到那裡去了呢？無疑是已集中在他們所研究的問題上。因此他們都成了專家，都有所發明。他們心中隨時隨地都被一個專門問題所占有，所以才弄得「視而不見」、「聽而不聞」。

上面所描寫的兩類人恰恰代表著兩個極端的典型；前者太不能「放心」，而後者又太過於「放心」，而且還放得很偏。就社會價值說，後者當然遠在前者之上，就做人處世言，後者未嘗沒有流弊。因為世間固然不能沒有科學家、哲學家，但也不應人人都走學者專家道路。我在這裡要談的祇是一個平常人究竟應該怎樣安放他的心。

哲學家之流的人物之過於放心雖有些反常，但他們能夠如此放心畢竟不是一件易事。佛家講定的功夫，宋儒講靜坐都是針對著一般人不能放心的弊病而發的，儘管他們講求太甚，頗有過火之處。

禪家有一個很有名的故事：

百丈懷海大師侍馬祖行次，見一群野鴨飛過。祖曰：是什麼？師曰：野鴨子。祖曰：甚處去也？師曰：飛過去也。祖遂把師鼻扭，負痛失聲。祖曰：又道飛過去也！師於言下有省。

禪家要人超越物質的純粹知見，不許人心隨著外物的流動而飄忽。如果一個人一忽兒看見野鴨子，一忽兒又看見飛過去，再一會更感到鼻子被扭，在禪家看來就是著相，也是失定。著相與失定就表示心不屬於自己，浮在一切外物之上；換言之，也便是心沒有放下來。人心如不能擺脫外物的誘惑，不僅不能有成就，而且還最容易喪失人格；前者祇是消極的弊病，後者則是積極害處了。因此程明道也要我們把心放在腔子裡。

我們常人的心倒不定要放在某一專門性事物之上，因為一專之後就難免有狹隘的危險；但這並無損於我們成為一個專門人才。人生原是多方面的，最好能面面顧到，就是科學家、哲學家也並非全是鑽牛角尖之流，其中還有不少人依然是很正常的：在研究問題時他們的心是放在某一點上，在日常生活中他們的心可以隨遇而安。西諺說：「工作的時候工作，玩的時候玩」，也正是此意。工作固需要放心，玩也得放心才行。若在工作的時候想著玩，在玩的時候又要記著工作，那便是不放心。結果如何呢？我們也是不難想像的。

但放心不是莊子所說的「心如死灰」，也不是收回舊有的心，我們的心靈應時時是新鮮活潑的；所以朱熹說：「操存祇是教你收斂，教那心莫胡思亂想，幾曾捉定有一個物事在裡？」又說心「如渾水自流過去了，如何會收得轉，後自是新底水」。

我剛說過人生是多方面的，我們把浮動的心收斂住是絕對必須的，但不能祇放在一、兩事物上，朱子也持著同樣的見解，他認為「不是塊然守定物事在一室，關門獨坐，便可以為聖賢。自古無不曉事的聖賢，亦無不變通的聖賢，亦無關門獨坐的聖賢，聖賢無所不通，無所不能，那個事理會不得。所以聖賢教人要博學」。這是何等的卓識！

孟子說：「舍其路而弗由，放其心而不知求，哀哉！人有雞犬放則知求之，有放心而不知求。學問之道無他，求其放心而已矣！」這段話的意思是說我們應該求回已經放出去的心，和上文所謂求我們的心安放下來，意義完全一致。不過著重點有所不同罷了。至於孟子所謂「萬物皆備於我」並不是唯心論，也祇是能放心的意思。所以放心也就是有真知灼見，不隨世浮沉。人何以會「富貴不能淫，貧賤不能移，威武不能屈」呢？都祇為此心已放了下來。此所以文天祥臨死時還能保持「風簷展書讀，古道照顏色」的寧靜胸襟也。

因此「求其放心」不僅是思想的必須條件，也是做人的起碼標準。

左·右·異·同

近數十年來，中國思想界開始發生了左與右的問題。左與右的名詞是從西方傳來的，中國歷代傳統中有重「右」而輕「左」的習慣，所以對於邪說稱之為「左道」，但我們的文化傳統中，一般而言，並沒有今天流行的「左」與「右」的分別。這一名詞在西方的起源，我知道得並不詳細。根據我個人所瞭解的一點歷史常識，在歐洲大陸上的立法議會中，較為民主的、激進的一派是坐在主席的左邊，而較為保守的一派則坐在右邊，這大概便是今天流行的左右分野的最初依據。同樣的，在宗教與哲學思想方面的激進派與改良派，西方人也習稱之為左派。因此，就思想內容作大致的分類，我們也未嘗不可以把中國各派思想劃成左右兩大壁壘。異與同則是中國所固有的；孔子早已講過「和而不同」、「同而不和」，以及「攻乎異端」之類的話，名學家惠施、公孫龍之流尤喜斤斤於堅白異同之辯……。總之，早在春秋戰國時代，異與同的名詞在中國思想史上便已成立了。

異與同的問題幾乎是稍有文化的區域都存在著的，左與右雖然不是每一個文化單位所具有的名詞，可是事實上它也是無所不在的；益以最近西方文明的廣泛傳播，這一名詞如今被世界各國所採用了。然而不幸得很，左與右的問題在西方歷史上多少還有過促進社會文化進步的作用，而它傳入我們這個古老的國度之後，不但沒有給我們帶來進步，反而增添了近幾十年來的思想混亂與社會不安。即使我們不願把赤潮泛濫完全歸罪於這一觀念的作祟，但它在助長中國極權洪流上所起的作用，卻是顯而易見的。

中國自「五四」運動以後，真正產生了左與右的問題。左與右的衝突夾雜著黨同伐異的黨派鬥爭，黨派鬥爭又復環繞著權力與利益的攘奪，結果吃盡了苦頭的還是無辜的老百姓——尤其是整個一世代的知識青年。左與右之間是「異」，左與左、右與右之間則是「同」；前者推衍出「異己」、「異黨」、「異端」之類的名詞，後者則構成了「同志」這一親切的稱呼。而左與右、同與異也就似乎永遠和「衝突」、「鬥爭」……等等恐怖的名詞結了不解之緣；我們不倒向左便得倒向右，不是黨同便是伐異，好像這兒真的不再存在著「中間路線」或「第三條路」了。

前面已經指出，「左」在西方最初祇是意味著較為激進的政治或思想流派而已；可是到了近代極權主義興起之後，左派幾早已完全成了共產黨的代名詞；右派起先還是指一般保守主義者而言的，最後卻又被法西斯與納粹包辦了。民主分子則掙扎在左右兩大極權勢力的夾擊之間反而顯得萬分窘困。左與右一詞的變質在西方也同樣造成了相當程度的混亂與惡果；人們震於「左派」之名，以為它必然代表著「更進步」的一面，遂很自然地傾向共產主義，對它所標榜的「無階級社會」總不免有些嚮往之情。中國在「五四」運動之初雖也追求過「民主」，但可惜時間過於短促，認識亦復模糊，接著便來了左派的共產主義和右派的法西斯主義，我們可以武斷地說，左與右的問題傳到中國之後已完全流為左右極權主義互爭雄長的悲劇，與它最初在西方的原意相去不知幾萬里了。

極權主義的最大特色是權力的無限止的攫取與壟斷——集中於一個集團之手。在這裡發生了暴力的問題：權力的獲致並不能完全來自情願，在不情願的情形下，剩下來的已祇有暴力一途。至於左右極權主義者的權力爭奪，則更得要訴諸絕對的暴力；誰的暴力最殘酷誰就是最終的勝利者。中國局勢的演變已經給這一點提供了證明，在此毋庸多說。這裡我要特別指出的是：極權主義的左右之爭使異同趨於絕對的對立。相異意味著權與利的衝突，於是無論是左或右得勢，消除異已都同樣成了第一要務。世界各國歷史上的黨爭，或宗教信仰上的衝突，其徹底的程度都還趕不上今日極權主義者的黨同伐異。

左、右、異、同如是交互錯雜地纏繞在一起，我們生長在這一時代中的青年們在思想上自然無法避免這種惡劣的影響。我們習於把世間一切思想、制度、人物分成左右兩大類，「天下之言，不歸楊，則歸墨」。在左右的分野上又存在著異與同的對立，容忍的雅量根本消逝了，我們祇能與同於己者相處，無法和異於己者相安。人類被簡單地分為兩種：同志或者敵人。

顯然，這種思想是極權主義的產兒，但無可否認，這種意識如果廣泛地滋長起來，結果又必然成為極權主義的新種子。因之，在今天左、右、異、同依然是亟待澄清的概念。左與右的原始涵義既如上述，我們實沒有理由讓它們成為左右極權主義者的專利品。若從實質上分析，共產黨人才真正是代表著反動、落後的典型，他們的一切做法不僅不能說明他們是「更民主」的，而且倒恰恰是民主的絕對反命題。他們根本不是傳統意義上的左派。事實上，他們也並不以「左派」自居；他們不是常常罵別人「左傾冒險主義」，或「右傾機會主義」嗎？列寧還寫過一本叫做《論左傾的幼稚病》的小書，極力攻擊當時俄國過激的革命分子。如果我們無條件地尊崇「左派」的話，我們是不是應該更同情「左傾冒險主義者」呢？思想或制度的抉擇是無法以左或右為標準的，因為左與右祇是一種粗疏的分類。「中間偏左」、「中間偏右」這一類繁複的名詞早已告訴我們：就是左與右的本身也還需我們重新加以界說哩！

異與同的概念起源極早，應用的範圍也非常廣泛；它和左與右本沒有任何血緣。它們的交纏祇是極權主義興起以後的事。就異與同的關係言，確是相對待的，但絕非相敵峙。天下萬事萬物有其同的一面，也有其異的一面；異中有同，同中有異。當我們說異與同是相反的時候，我們立刻就得補充一句：它們同時也是相成的。大至整個宇宙、社會，小至生命的單位，其間都包括著同與異的兩種成分。同，指著它的統一；異，指著它的發展。我們無法相信共產黨人所強調的階級鬥爭說可以解釋社會的存在；我們也無法相信發思古之幽情的人們所描繪的美好過去可以代表古代社會的真象。莊子說得好：「自其異者視之，肝膽楚越也。自其同者視之，萬物皆一也」；同與異原是不可分的整體哩！在歷史上，統治者總是在異中求同的，他們要使社會「定於一」，而廣大的人民卻要在同中求異，這便是民主的最初起源。用西方的概念談，同是群體，異是個體。不瞭解同與異的正確關係，而祇發展其中之一端，最後總是行不通的。這說明何以近數百年來西方人在「群己權界」上永遠鬧不清楚了。

左、右、異、同的關係，是當前文化問題的癥結所在，要解開這個死結便祇有從根本上去認識它們；也祇有解開了這個死結之後，世界文化才能向前邁進一步！

為有源頭活水來

在前面的幾篇短文中，我們所談的多是關於存在於一般人頭腦中的思想癥結問題，其中雖缺乏明確系統，但在根本精神上和方法上卻有互通之處。現在我們要換一個角度，從思想與人生的關聯上開始另一方面的分析。在開始這一討論之前，我們亟需解決的問題便是思想的來源究竟如何，人怎樣會有思想的呢？產生思想的條件是什麼呢？這些問題如果不能獲得滿意的答案，則我們關於思想的討論也就毫無意義可言了。由於近年來共產黨人的一再宣傳，不少青年朋友們都不自覺地陷入了唯物論的泥淖，深信思想是從物質中產生的。不錯，廣義地說，人的思想的確離不開物質世界，但是共產黨人的所謂物質是有其特定的內容的，這一點卻往往為人們疏忽了。他們簡單地把人類知識分成了兩大類：一是生產鬥爭的知識——自然科學，另一則是階級鬥爭的知識——社會科學。關於前者，因為和我們所要分析的問題關係較少，暫且不提；後者則恰恰是在我們討論的範疇之內，不容我們不加注意。所謂「階級鬥爭的知識」也就是馬克思在《政治經濟學批判》的序言中所闡明的那一套關於唯物史觀的見解。他們認為社會的最下層基礎乃是生產方式，在這一基礎之上產生了政治社會的結構，而意識形態則是反映這種物質基礎的最上層建築。生產工具改變了，生產方式就跟著改變，接著便是政治社會結構的變革，於是新的思想隨之產生。所以分析到最後，共產黨人的物質世界是極其狹小的——可以小到僅僅是生產工具。也就在這裡，我們和他們分手了。

我們不願意從神秘的唯心觀點上看思想的問題；說思想有其物質世界

的起源是我們所能夠接受的，不能接受的是把物質世界縮小到極其貧乏的內容上去。這兒用的「物質世界」一詞是很不妥當的，這不過是順著上面唯物論的說話下來的罷了。其實我所要說的應該是人生。人生是多方面的、豐富的，同時也是不斷變動著的。因之，說思想與人生之間有著可以理解的互相關係和變遷節奏，也比較上能夠獲得較多的事實的支持。

人生的目的也許可以說要求生活的美好而有理想和價值。中國的古人喜歡講人之異於禽獸的所在；如果人與禽獸之間的確存在著歧異的話，這歧異不應該在於生活的本身，而是在於理想和價值之有無。禽獸的生存意義祇在維持其自然的生命，而人生卻不止於生命，比生命更為豐富一些。這裡才發生了思想，因而也形成了文化。經濟生活祇是維持自然生命的手段，倘若人類祇是在求生的手段上比禽獸高明些，那麼他們之間的區別便是程度上的，而不是性質上的了。其實這種唯物派的說法早在兩千多年前就被孔子駁倒了。孔子論孝曾有過一段很精闢的話：

今之孝者，是為能養，至於犬馬，皆能有養，不敬，何以別乎？

這個敬字便點破人類思想的一部分來源。如果上面的論斷有著正確性的話，思想發生於生產方式的基礎之上的說法則已沒有討論的餘地。稍稍涉獵過思想史的人應該知道思想有著無數分類；政治思想、經濟思想、哲學思想、倫理思想、社會思想……等等名目已經啟示出我們人生是如何的繁複而廣泛。不過儘管每一個人的生活實際上都是多方面的、不可或缺的，而人的思想卻往往祇能照顧或著重於一方面，畸輕畸重之間發生了思想問題。助長著思想分殊的另一重要原因是社會的分化，自從階級制度出現之後，思想也隨之分成許多類型並因而發生了衝突。這種種橫的和縱的思想分化使整個人類的生活失去了共同的旋律。我們這個時代所瀰漫著的思想戰爭便是導源於這種特殊的複雜化的人生！

人生雖然是一種客觀的存在，然而它的變動卻有著人力可能控制的成分；這使得我們對於未來的文化前途有樂觀的理由。因之，我們對目前思想的混亂也就不必過分悲觀。讓思想家共同擘劃出一套包括一切、統一一切的思想體系並非難事；但是要所有的人都信奉這一思想體系，自動地生活在這一共同的思想旋律之下，則還不是最近的將來可以辦得到的事。原因是人生被分得太支離破碎了；在這樣基礎上希望思想的混亂局面獲得澄清，似乎過於脫離現實一點！

朱晦庵的詩句：「問渠那得清如許？為有源頭活水來！」人生無疑是思想的「源頭活水」；要思想清明透徹便得從改造人生、淨化人生、豐富人生的源頭做起，否則都祇能是不切實際的幻想而已！問題當然並不如此簡單，這裡還牽涉到思想的廣度與深度，以及人的靈性等等方面，關於這些，我將在以下幾篇中繼續討論。

思想的廣度與深度

什麼是廣度呢？廣度是思想所賴以建立的基礎之博大的程度，什麼是深度呢？深度則是在此種基礎上所建造起來的思想之塔的高度。

其實在這裡我們已經應該看到深度與廣度的關係是如何的密切了：沒有廣大的基礎是不可能有高聳雲霄的塔頂的；塔頂無法脫離塔身而作孤立的存在，它的高度顯然是被它的廣度所決定著的。空中樓閣祇存在於人們的幻想世界裡，它和海市蜃樓同樣地經不起實際的考驗。我們都知道埃及的古金字塔是世界上少數最偉大的建築物之一。它何以偉大呢？瞻仰過它的人總不外震驚於它的面積之廣與塔身之高，尤其重要的是它的廣度與高度是相配合的。

思想的廣度與深度便恰恰和金字塔的道理完全一致。思想祇是各種思想的一個總稱，世界上並無絕對抽象的思想之存在，它表現在人生的各個方面之中；因此思想總體的深度必然是和它的基礎的廣度成比例的。我們試看古往今來凡是在思想上有貢獻的哲人，無不是思想基礎極其廣博的。亞里士多德是古希臘學術的集大成者，他不僅懂得政治學、倫理學、名學、自然科學……，而且瞭解當時學術之全貌。孔子亦然，他是中國古代學術的集大成者，而後人之所以敬重他也多半為了「大成」兩字。中國過去學者喜歡講什麼「一物不知，儒者之恥」；這話在今天聽來似乎近於荒唐，但在學術尚不甚複雜的古代倒也非絕不可能之事。思想的深度何以會被它的廣度所決定呢？道理實在很簡單：深度是結論；結論如果要有效，則它所有根據的材料的範圍必須愈廣泛愈好。否則該結論便祇能在極小的範疇中表現其真實性。這說明了歸納法的存在價值及其在近代科學發展史上所占據的重要性。

我們既肯定了思想廣度的意義，思想和人生的關係也就隨之顯現出來了。人生是多方面的，此多方面不僅是理論上的，而且是事實上的。亞里士多德說：人是政治的動物；這是對一方面的強調。再往下數，我們還可以說人是經濟的動物、文化的動物……等等。這些各種各樣的生活都為我們提供了思想的第一手材料。因之，如果祇從理論上瞭解這些生活的意義，而不切身體味它們的內容，那麼所獲得的結論也還是靠不住的、不一定真實的。孔子「入太廟，每事問」是實際體驗的明證；而他的「少也賤，故多能鄙事」也未嘗不是他思想成就的重要根據。近代的實驗主義事事講試驗，從錯誤與試驗中把握住真理，更可以為從廣度到深度的說法作註腳。

反過來說，要想不經過廣的階段而直接躍進到深的境地，事實上是根本不可能的。譬如近代學術分化的結果，許多人都以為我祇要專門鑽研我本門的學科就可以深入了，其他的一切都可以不管，而且也沒有時間過問。這話粗聽似乎很有道理，仔細想想卻未必如此簡單；因為一切學問都是從整體人生的總泉源處分支出來的，因之這許多支流必然得是彼此密切相關的，沒有任何人可以衹懂政治學而於經濟學、社會學、哲學等一無所知；或僅瞭解經濟學而不知其他的學問。雖然由於事實的限制，我們衹能專精一科，但對於和該科有關的一切學問我們至少也須有基本的認識，否則我們不僅不能深入該科的堂奧，恐並入門亦不可能。政客並不懂政治，商人並不懂經濟，此外這種終身習焉而不察的故事也在在皆是。這些人對於某一項生活不可謂不專，然終於不能精通者正是因為基礎太狹之故。

明乎此，則我們對於前面所解釋四通八達的「通」的意義，以及朱子所謂「聖賢無所不通，無所不能」的話便都可以瞭然了。拿這個標準來衡量思想，我們顯然可以進而看出：馬克思主義也並不是一無所見，而是廣度太小，衹認識經濟生活的意義，所以它的道理也衹能使令人淺嘗即止，無法深進。

那麼，思想的深度對於廣度有無影響呢？答案無疑是肯定的。深度雖以廣度為基礎，但反過來也可以擴大廣度。「獨上高樓，望盡天涯路」，「欲窮千里目，更上一層樓」都足以說明思想深度的價值。因此，人類思想固然來自人生，而人生亦必賴思想的不斷指導始能更為豐富、更有價值。不過我得補充一句，思想無論怎樣深，總不能架空立說。毫無根據的幻想永遠不會有思想的價值。有些淺人常常抱有創造思想體系的宏圖；總想一鳴驚人，超越一切舊有的學說。這真不值識者一笑。

有人說：「為學當如金字塔，要能博大要能高。」其意義無非都是要使思想的廣度與深度取得恰到好處的配合。廣度提高深度，深度擴大廣度；這不是機械的循環，而是有機的發展哩！

從心靈到思想

談過了思想的物質來源之後，接著我們接觸到產生思想的另一依據——心靈了。儘管我們承認物質環境對思想的影響，但物質絕不可能是思想的唯一來源。理由很簡單，人類思想最初發生時的物質環境對於其他高等動物也同樣是存在著的。如果說「存在決定思維」是真理的話，那麼一般的存在為什麼沒有產生普遍的思維呢？也就是說為什麼祇有人類才有思想呢？因之我們還得在人的身上去追尋思想的源頭。

我們常常聽人說：人是萬物之靈。人何以是萬物之靈呢？孟子說人之異於禽獸者在於「人性」，希臘哲人則說人是「理性」動物，康德又認為人具有一種「超越的統覺」，基督教說「人類始祖亞當之所以異於禽獸者在其有自由意志耳」，而佛家則有「人人皆有佛性」之說。無論我們給它定個什麼名，總之人類具有一種精神特質，這種特質始使思想的產生成為可能。在這裡，我們不妨稱它為「心靈」。荀子說：「凡以知人之性也，可以知物之理也。」這不祇指出了心物和知（思想）的關係，並且也說明了必須先有人性，然後始能知物理的。

當然，唯物論者會反駁我們說：「心是從何而來的呢，還不是從物中產生的嗎？」我在前面已說過這一反一覆的爭辯最後祇有推到宇宙開始時為止。其實這根本不是問題的癥結所在：我們可以承認物質是先心靈而存在的，我們所要強調的祇是心靈既存在之後便具有超越性，不必然得受物質的限制。這正如個人與社會的關係一樣，社會是許多個人共同創造的，但社會既經產生之後便超越個人而不再能任意地為人們所左右，甚至相反地，個人還得受社會的限制。

實際上，思想本身便是精神的，而非物質的；如果不是由於唯物論的盛行，思想與心靈的問題根本就沒有研究的餘地。「思」、「想」兩字在中文裡都是從心；英文的thought是think的完成，同樣表示心靈動作的客觀化。同時，「思」和「想」單獨用時都是動詞，而thought亦是從動詞中變化出來的。這些不是足夠說明心靈是思想的最終極的依據嗎？

不過僅僅知道心靈可以產生思想還是不夠，每一個人都有一個心，但每一個人並不都是思想家。我們常常罵某種人「沒有頭腦」、「沒有思想」也正因為思想並不單純的是心的動作的總和。那麼何種心靈才能產生思想呢？佛經上有「相續心」、「刹那心」、「生滅心」等等名詞；後二者相當於我們所謂的「念頭」，「相續心」才是我們所要討論的思想。我們日常談話中常說到「胡思亂想」、「思前想後」、「茶不思，飯不想」之類的話，這裡雖也包括了「思想」兩字，卻顯然與真正的思想無關。為什麼呢？因為這些都祇是「刹那心」或「生滅心」。我們每在深宵不寐的枕上，家事、國事、天下事，一齊湧上心頭，才思及東又想到西，既無條理，又不連貫，思潮雖滾滾而來卻又像長空的驚鴻一樣在我們腦海中一掠而過。誰都知道這種零星的念頭是不會產生思想的。而「相續心」卻不同，相續心是人們對於人生以至宇宙有關的種種一般性的問題作有系統與條理的思考。（請參看〈剎那心和相續心〉）我說「一般性」，意思是說與全人類或至少多數人有關，而非一己之私的小事情。因之，相續性者並不祇是一個人頭腦中的相續，同時還必須是多數人與若干世代的相續。梁啟超氏在《清代學術概論》中說得好：「今之恆言，曰『時代思潮』。此其語最妙於形容。凡文化發展之國，其國民於一時期中，因環境之變遷，與夫心理之感召，不期而思想之進路，同趨於一方向……。」又說：「凡時代思潮無不由『繼續的群眾運動』而成。」這些話都是指思想的連續性而言的。我們誠然應該珍貴人類的心靈，但更值得尊重的無疑還是心的運用。古人說「運用之妙，在乎一心」。我們該如何使我們寶貴的心靈能夠創造出有價值的思想呢？

肯定我們的獨立思想！

支配著近代人的生活的主要力量之一乃是獨立的精神。這種獨立的精神，也就是通常我們所說的「個人主義」。早在文藝復興時代（十四至十六世紀），歐洲不少智識分子便最早擺脫了中古神道的束縛而追求其一己所喜愛的精神生活。十六世紀的宗教革命更進一步地肯定了個人精神的獨立性。這一偉大的文化運動的基本原則是說：個人可以憑其一己之良知而直接與上帝相通，並根據他自己的瞭解來解釋《聖經》，而無須通過教會的壟斷。那也就是說，人們的思想信仰必須而且應該是獨立的。這是近代個人主義的歷史背景。

但是儘管思想獨立的意義早已獲得我們的肯定，而直接或間接危害著我們獨立精神的種種社會力量卻依然不斷地湧現。尤其是二十世紀以來極權政治的出現，思想獨立的保持更是戛戛乎難矣！我們知道，思想獨立固常常需要獨立生活（經濟獨立尤其重要）來支持，然而反過來我們要想真正生活得有意義與價值，並表現個人的獨特風格，則更少不了得受一種獨立精神的支配。中國古代講求「士可殺不可辱」便是在維護個人的獨立精神，以使人格得以持續不墜。反之，如果我們沒有獨立的頭腦，一味聽任他人牽著鼻子走；那麼在精神上便已先倒了下去，更遑論維持獨立的生活！從歷史看，毀滅人們的精神獨立通常來自兩方面——經濟的（如資本主義社會）與政治的（如專制與極權國家）。因之，獨立精神的追求與維護便不能止於個人頭腦之中，像老子那一套「小國寡民，老死不相往來」的幻想；我們還得從現實社會中去創造保障獨立精神的客觀條件。近代民主制度的逐漸建立與發展即是人類在這一方面努力的成就。在這裡，我們顯然已看到思想與生活之間有著怎樣密切的關聯。

其實瞭解這種關聯的人並不自近代始，中國的孔子早在兩千年前便已說過「反求諸己」、「為仁由己」之類的話，意思也在暗示我們應具備獨立的精神。至於孟子所謂的「富貴不能淫，貧賤不能移，威武不能屈」則更是明顯地指出了這一點。陸象山也說：「不識一個字，亦須還我堂堂地做個人。」但是近人由於誤信極權主義者的有意誣衊，大都相信個人主義或獨立精神乃是自私自利的思想，是破壞社會組織的要素。說到這裡，我們得給正面說一說「獨立思想」或「個人主義」的意義。我說我們要肯定自己的思想，意思絕不是說每一個人都必須像思想家一樣地去建立他的「思想體系」或「吾道一以貫之」；更不是提倡莊子的「此亦一是非，彼亦一是非」的哲學。我的根本意思是說，每一個平凡的人都應該有他獨立的生活，因之也就得具備一種獨立的精神。獨立精神與信仰不必是自己的特殊創造，但必須來自一己的獨立選擇。在許許多多的獨立思想之中，有一項原則是必須共同遵守的：不能侵犯他人的獨立的精神。這是一個「和而不同」的局面。「不同」並非相反或相衝突，平凡的人生大體上總是有著諧和性的；祇有野心家才會無理地侵犯他人的自由。這種獨立的精神真的是自私自利的嗎？易卜生告訴我們：「世界上最強有力的人就是那最孤立的人。」胡適之先生也說：「真實的為我便是最有益的為人。把自己鑄造成了自由獨立的人格，你自然會不知足，不滿意於現狀，敢說老實話，敢攻擊社會上的腐敗情形。」這也正是古人所謂「未能正己，焉能正人」的意思。孔子曾說：「己欲立而立人，己欲達而達人。」我們如果失去了獨立的精神，不能肯定自己的獨立思想，人生的意義又在何處呢？

人畢竟不同於禽獸，他要生活得有理想。理想的生活首先就離不開正確思想的指導。祇要不妨害他人的自由與獨立，任何人都有權利，也有義務去選擇他們的生活方式；而「選擇」的先決條件便是思想獨立——確切地說，也就是思想不受任何權威的無理束縛與限制。

禪家和尚說：「普提達摩東來，祇要尋一個不受人惑的人。」「不受人惑」正是人們在主觀上求精神獨立的不二法門。祇有肯定了自己的獨立思想的人才可以「不受人惑」，也祇有思想獨立的人才有資格追求理想人生的實現！

思想的分與合

《三國演義》開頭第一句話就說：「天下大勢，分久必合，合久必分。」這觀點固適於解釋中國傳統的政治形態，而尤其能夠說明人類思想的演變。

人類思想在最初產生期間是很單純的。我們常常發現許多不同的文化在遠古的時代具有相同的信仰或風俗，其原因即在於此。詩人荷馬時代的希臘思想是相當單純統一的，可是自泰勒士（Thales）開創邁利西安學派

（Milesian School）以降的希臘古代哲學卻走上了分歧的道路。及至基督教躍登羅馬國教的統治地位，西方思想大體上復形成了一種合的局面。近代文藝復興、宗教革命等文化運動興起以後，教會的權威被打倒了，思想的束縛解除了，於是形形色色的新思潮也如雨後春筍一樣，蓬蓬勃勃地發展了起來。一直到今天，這個分的局面還未曾結束。

在中國學術思想史上情形也並無殊異。春秋戰國以前我們是學在官府的，是合的。春秋戰國時代，正如莊子所說的，是「道術將為天下裂」的時代。百家之學的興起正是思想從合到分的演變。所以莊子又慨嘆地說「百家往而不反，必不合矣！」（〈天下篇〉）然而自漢武帝罷黜百家，表彰儒術以後，中國思想兩千年來大體上都維持著合的狀態，儘管在此長期合的過程中曾經有過不少次分殊的趨勢。降至近代，西方文化侵入中國之後，我們思想界的合的局面被打破了。因此這百餘年來，我們又是朝著分的方向前進的。但平心而論，中國思想的分與合卻要比西方合理些；因為我們的思想發展多少是順乎自然的，人的因素祇是促進的而非決定的。

而且我們的正統思想——儒家——對異端思想也還沒有積極的迫害，最多不過是站在衛道的立場上加以斥責而已。西方思想史上的不容忍的表現卻比我們可怕得多；而羅登了統治寶座的思想對於「定於一」的要求也十分嚴厲。

思想的分與合有什麼特殊原因呢？如果我們把思想史和人類生活史聯繫起來看，則這二者之間顯然存在著相互適應性。羅素告訴我們說：「這是一種互為因果的事：人的生活環境對於他們的哲學有很多的決定性，但反過來，他們的哲學也同樣地決定著他們的生活環境。」（*History of Western Philosophy*, p11）當社會在正常狀態之下，維持著它的統一性時，思想的分裂是很難想像的。祇有當社會面臨著劇烈的變動的時期，舊的安定合一的局面已無法再持續下去，人類才在思想上分成許多派別，從各方面去追求一個新的安定統一的社會。及至新的社會安定了下來，百家爭鳴的現象也就逐漸地歸於消滅，而在新的旋律之下能匯成一種博大的思想網路（web of thought）。這樣看來，思想的分殊仍是社會突變時期產生的現象，思想匯合則是正常的社會發展過程中的必然歸趨。說到這裡，我們的問題來了：思想匯合既是應該的事，那麼共產黨人的思想「定於一」運動不也是促使這複雜的社會趨向安定統一的合理行動了嗎？其實絕對不是。我們這兒所說的「合」並不是「表彰某某，罷黜某某」的強迫性的整齊劃一，倒毋寧是許許多多不同的思想流派在一個共同旋律之下的會通與綜合。誠然，在新的合之下，可能各種思想的派別並不是平等的。有的占著較為重要的位置，有的則比較次要。但這種差別祇應是自然而必然演變的結果，絕不能出於統治者的有意抑或揚。共產黨人的思想「定於一」的運動卻恰恰與此相反，它是極權統治者為了一己的權力慾望而將一套教條束縛人們思維能力的統治手段。因之，前者可以促進人類社會的發展並提高文明的程度，而後者則適足以扼殺人類進步的活力。

同樣地，思想的分殊固然不必過分地加以頌揚，卻也不應任意而橫蠻地予以打擊。人類進步之路甚多，思路也不祇一樣；從多方面去追求真理、烘托真理，總比僅促於一隅好得多，也實際得多。而且，人類本身如果是分裂的，社會無法維持著它的統一，則我們單獨在思想上企求匯合也是不能想像的事。

總之，思想的分與合都有其社會的背景，而且人類文明如不中斷，這種「分久必合，合久必分」的思想起伏似乎也沒有停止的一天。因之，思想的分與合的價值便不能機械地予以判定。祇要我們能審時度勢、順乎自然，則思想的分殊固可以促進社會的進步，思想的匯合也未嘗不是更值得珍貴的事。

遠在天邊，近在眼前

前面我們已從幾個方面陳示了生活對思想的影響；現在我們可以談談這二者之間的距離的問題。

毫無疑問，思想與實際人生之間是存在著距離的。雖然就最廣義的人生說，思想也是人生的一部分；但在大多數人的日常生活之中，反省性的（reflective）思想都顯然沒有能夠占據它所應有的地位。思想與人生的距離究竟如何呢？我們先且不說。這裡我們不妨從歷史的發展上來看看二者的關係的演變。

從歷史上著眼，一種很明顯的事實橫在我們面前：由於教育程度愈來愈普及，越到近代人們便越有機會發展，反省性的思想最早的時候，一般人是所謂「不知不識，順帝之則」的。稍後聖人出來了，以他們的「先覺」來啟發一般人的「後覺」，即所謂「百姓日用而不知」，但到了近代，人們的思維能力則普遍提高。換句話說，文明進步的重要特徵之一也就是思想力量的日益擴大，並逐漸深入人生的每一角落。近數十年來，在中國傳統觀念影響之下，我們似乎都承認一種說法，即一種理想的社會必須是文化指導政治、政治控制軍事的社會。這種社會結構論是否正確或完整我們且不必管，從這裡我們至少可以知道，思想指導人生的觀念，在中國社會是相當普遍的。

但是這種觀念並未能改變一種事實：那便是社會上大多數人都把思想之事委之於思想家、學者去研究，他們並不願過問思想問題。即使他們能瞭解思想在人生中所居的重要地位，他們依然堅持這是他們的能力所無法企及的工作。誠然，思想家的思想深度是要比一般人深遠得多，然而這卻不足以證明思想是和社會上最大多數人無關的事。其實思想家的思想如果有價值的話，則正是因為能綜合千千萬萬的分歧蕪雜的想法，能點出隱藏在人們心靈深處的嚮往。所以歸根到底，思想是有社會性的；思想的深度固然值得尊崇，它的廣度則尤為重要，否則思想與人生便是毫不相干的兩件事了。

說思想和人生應該是一種有機的配合，意思並不是說這二者之間是沒有距離的，或必須合而為一。我在〈主觀、客觀與思想〉短文裡已說過，思想必然具有主觀的性格，不能完全合乎事實。而且從表面上看，思想與生活二者在性質上還有其他矛盾之處；思想是理論的、生活是現實的，思想是抽象的、生活是具體的，思想是空靈的、生活是實質的……，總之它們似乎是一個「遠在天邊」，另一個卻「近在眼前」。大多數人固然對思想抱著一種不聞不問的淡漠態度，而且少數思想家也並未能個個負起以天下為己任的指導責任。有些象牙塔上的「思想家」們，既不瞭解現實社會的病症何在，竟憑著一己的主觀臆斷，貿然地開出一紙離題萬里的藥方；在大多數人不習於思考的情況之下，於是遂給野心家們造成了利用群眾的好機緣；人類多少悲劇就是這樣造成的！

儘管如此，我們依然不必悲觀。思想與生活相配合的事實也充滿在人間，在歷史上，我們看到無數宗教家、民族英雄、哲學家、科學家……等為了他們的理想、信仰或真理而不惜犧牲一己的生命。這種種殉道的壯烈事蹟正說明了這些人是怎樣使自己的生活去配合他們的思想，並如何為真理與人生的結合而努力！即使在芸芸眾生之間，思想與生活上不知不覺中還是有著相互的適應性，而非絕對彼此排斥的，在現代社會中，人們的職業便常常由其人生哲學所決定。這多少也是思想支配著生活的部分表現。如果人人都能把這種精神擴而大之，而追求一偉大的社會理想，則文明的前途當然是無限光明的了。

那麼思想與人生之間到底應該保持著怎樣的距離呢？一方面，思想與生活的關係應盡量地求密切、求配合；另一方面，思想又須超越人生，以為人生的最高指導。這是不可分的一體之兩面。「遠在天邊」的思想何以得與「近在眼前」的生活連結起來呢？因為這二者都是從人而生的，所以最後才會統一於人、隸屬於人。思想又為什麼須超越人生呢？古人說得好：「不見廬山真面目，祇緣身在此山中。」如果我們祇局限於現實生活之內，則我們顯然無法看清人生的全部，找不到自己的生命方向。因之，我們必須生活得超脫一點，使自己的精神不斷上昇，然後始真正能瞭解自己，這實在有賴於思想的力量。所以思想和人生的必要距離不僅不會阻礙社會的進步，而且還可以提高文明的程度。

「遠在天邊」的思想和「近在眼前」的生活之間的距離既是「遠在天邊」的，又是「近在眼前」的。這話看來非常矛盾，其實卻一點也不錯，這才真是矛盾中的統一哩！

知識．思想．信仰

思想一詞，其本身便具有很大的彈性，因之我們也很難給它下一個確切的界說。但我們確然知道有若干概念並非思想的同義語，但卻和思想有著極密切的關係。如果我們把這些概念和思想的異同之處分別加以分析，則思想本身所涵攝的意義，及其在人生中所占據的地位也就清晰地顯露出來了。在這篇短文裡，我無法涉及所有這一類的概念，我祇能提出其中兩個比較最重要的概念和思想一併加以討論，這就是本文的題目所顯示的：

知識、思想和信仰。

思想與知識的關聯是很顯然的，思想不能是憑空的，它必須根據材料；這材料自然非知識莫屬。知識可以說是一切動物生存的基本依據，而人類則尤其與知識有著不可分割的關係。沒有知識的生存對於我們是不可想像的。但知識雖包括了思想，其本身卻並不即等於思想。所以無論是社會科學或自然科學的研究，就其本身說都是尋求知識，但社會科學與自然科學卻是人類思想——各種思想——的不可少的基礎；我們也可以說，思想是綜合與融化了的知識的抽象。這便是知識與思想之間的距離。英哲培根（Francis Bacon）認為最好的治學方法是蜜蜂式的；那也就是說，把知識消化了而創造出新的思想才是第一等的學問。

信仰常常被人認為是思想的另一說法，其實這兩者並不完全的相同。正如思想與知識的關係一樣，信仰從思想中產生，但二者卻不屬於同一範疇，所以孫中山說：「主義是先由思想再到信仰。」一般地說，信仰比思想更為主觀，它積極地肯定一個絕對的是，並且在相當程度上否定其他的信仰。在以往歷史上，我們所最習見的信仰常有和思想幾乎是處處相反的情況。思想雖然也有其肯定的一方面，但它的範圍遠比信仰為廣泛，而且它比較注重思維的方法、態度，而較少固執於思維的特定內容或對象。信仰則往往肯定一個絕對的是，既肯定之後甚至可以祇問目的、不顧手段，因之極端的信仰者有時竟可以抹殺事實的真象。思想則隨著方法與事實，不必有一個預定的結論；它所肯定的是客觀知識和思維法則所引導它去肯定的；因此思想的價值往往不在於結論的本身，而在於它走到此結論的一段思維過程。後人可以接受此過程的啟示而走向新的真理之路。思想離不開知識，而知識卻是日新月異的，過去許多被認為正確的知識，經過長期的考驗可能被證明為錯誤的；因之，思想必須根據知識的進步而不斷修改。信仰則不然，它可以完全不顧知識的正確性如何，而且還盡可能地曲解一切新的知識來證實它是唯一的真理。頑固的基督教信仰者至今仍然拒絕承認達爾文的進化論；武斷的唯物論者也對現代物理學、生物學的新發現完全視若無睹。這都是最明顯的例證。思想是普遍性的，不屬任何一家一派；即使最初是某一學派的產兒，它也必須獲得最大多數人的承認，並為客觀的知識所支持。信仰則常常衹是一二人所領導的，是特殊的。思想的根源是理性，信仰的動力則是情感！

這樣看來，信仰豈非一無足取了嗎？也不是如此，譬如宗教信仰——基督教、佛教——和道德信仰儘管不是建築在客觀知識的基礎之上，卻別有深刻的精神泉源。最粗淺的說法，其動機也是愛人的、救世的，其所成就者不是「真」而是「善」的。對於這一類的信仰，我們便不能用一般流行的科學實證論的尺度去衡量它。但是這一類的信仰，如果在動機上失去了純潔性並且和現實的權勢發生了密切的聯繫，那麼它的一切優點都將失去，而會嚴重地危害著人類的文明；中古時代的基督教和近代的極權主義便是最好的例證。在一般社會中，所有的人都或多少具有知識，較少數是有思想的，更少的人有著信仰。照理倒過來說，則該是有信仰的人必有思想，有思想的人必有知識。這三者應像寶塔一樣是一層層地建築上去的一個和諧的整體。為什麼事實上它們竟常常表現著如此衝突呢？問題的答案，在我看是由於有些信仰的基礎太不穩固：思想根據了不正確的知識而發生了錯誤；信仰復從錯誤思想中產生了更錯誤、更偏狹的結論。這種偏狹而又錯誤的信仰嚴格地說已不是真信仰，而是我們通常所謂的迷信了。我們不要以為祇有愚夫愚婦才會迷信，其實知識程度很高的人同樣會迷信，可能迷信的程度更要深些。

但是我們也曾經看見另一種理性型的信仰者，他們雖有堅定的內心信持，但是他們的思想則建立在正確知識的基礎之上，並隨著知識的進步而不斷修正或加強其信仰。這是由於知識、思想、信仰三者的相互觀摩的關係的緣故；然而這樣的人畢竟太少了，也永遠無法期望人人如此。許多信仰者都難免流入上述那種武斷的一型。因之，在目前來說，我們倒寧願止於思想的階段：那就是說且讓人人先獲得一種相對的真理再說。這樣一切不同的思想才可以有獲得協調的可能。因為一方面我們既不能和其他動物一樣祇有零零碎碎的知識，另一方面在知識不夠充分、思想不一定正確的條件下，妄想去跳上信仰的高峰也實在太危險了！人類也許有完全達到真信仰之境的一天，但絕對不是現在！（這三者的關係很複雜，在後面〈知而不行，衹是未知〉一篇中續有討論。請參看。）

如人飲水，冷暖自知

現在我們來談談個人的思想境界問題。

我們前面所涉及的種種思想問題都是具有社會性的、共同性的：這可能給讀者們一種誤會，以為思想是與個人無關的事。其實思想之所以為思想雖有其社會性的一面，但任何偉大的社會思想卻都是通過個人而產生的，也就是說都有其個性的根源。從社會性那一方面望去，我們所看到的是思想的匯合；從個性這一方面著眼，我們則看到思想的一層層、一面面的分化。

一個普通的人，如果沒有創建思想體系的雄心，他的思想總祇能偏重某一方面，如政治思想、經濟思想、社會思想或哲學思想。即使是最高明的思想家，在學術日趨分殊的今天也不可能有囊括一切思想的本領；儘管他必須懂得許多思想，但他所精到的仍祇在某一方面。這就是說，從橫的方面說，思想是具有各種類型的。如果我們換一個角度，再從縱的方面看，思想又顯然是分成千萬重層次的；屬於同一範疇之內的思想有的達到最高深的境地，有的停留在極淺薄的階段。我們試從歷史上許多人物觀察，問題就更為清楚：釋迦牟尼、耶穌、謨汗默德是宗教家一型；孔子、蘇格拉底是聖哲的一型；拿破崙、項羽、亞歷山大是英雄的一型：屈原、李白、荷馬、歌德、拜倫又是詩人的一型……他們各有各的思想形態，也各有各的思想境界；我們不能比較孔子和項羽的是非，也不應該把拜倫和蘇格拉底混為一談。這是從類型上來劃分的。若就思想的深度而言，同樣是宗教徒有的可以殉道，有的可以叛道；同樣是哲學家，有的不惜以生命來維護他的信仰，有的卻可以為五斗米而折腰……。站在社會道德的觀點上，我們有理由責備那「叛道」之徒，然而站在他們個人立場上設想，我們所能給予他們的祇應是憐憫與同情，因為他們的思想境界本來極低，我們怎能希望他們有「殺身成仁」的壯烈表現呢？

個人思想的境界究竟是怎麼一回事，這實在是很難答覆的問題。可以說的是，每一個人除非他絕對失去了思維能力，否則總有其一己之思想境界。大抵個人的人生觀是被他的思想境界所決定的；而他的一生行為則是思想境界的具體表現。由此可見，思想境界乃是隱藏在人們的心靈深處的最真實的存在。人們儘管可以在口頭上說禪談哲，而且談得很高深；但如果在實際考驗中他表現得極其卑鄙，那麼他所說的那一套高深思想便與他無關，最多不過是拾人餘唾而已。所以實在說來思想境界之中包涵了實踐的成分；絕不是嘴裡說說就算了的！我們在社會上曾經看到過無數言行不符的人：極權主義者或暴君嘴裡偏偏高唱民主自由；生活腐化靡爛的人卻不時要彈彈社會主義的高調……。這類人到處可見，我們也不必去理會。

關於這類人我們通常稱之為「口是心非」；「口是心非」實在是一個很好的詞句，它把口頭禪和思想境界之間的差異形容得淋漓盡致。我在〈從心靈到思想〉一文中說過，思想是從心的；離開了心便無思想產生之可能。那麼「心非」還會是真正的思想嗎？「口是心非」既然不成其為思想，它自然就更不會具有任何思想境界的意義了。

對於思想境界的分析顯然使我們更深入地認識了所謂「思想改造」或indoctrination之類的事情的荒謬性。思想境界既是這樣一種嚴肅而真實的存在，這樣深深地植根於人們的心靈深處，它怎麼就會在刀尖的威脅之下立刻改變了呢？雖然生命的威脅確可以使某些人屈服於一時，然究言之，即此屈服也祇是外在的和形式的，而不是內在的和精神的。中國成語又有所謂「口服心服」、「以力服人者非心服也」的話，可見必須是「心服」才可能使人們在思想上有某種程度的改變。其實，如果真的具有堅定的信仰的人，任何強力都不足以構成威脅的。古今往來多少宗教的殉道者、革命的烈士、信仰的犧牲者，都可以給這一真理作註腳的。可是極權主義者並不接受歷史的教訓。他們仍在那裡打著如意的算盤，企圖用武力消滅一切異己的思想。這除了表現他們對於人性的尊嚴、理性的價值毫無所知之外，實在沒有更多的意義。其實稍有理性的人都不難發現：別的事情也許可以勉強得來，唯獨個人的思想境界是絲毫也含糊不得的。不僅他人無法強迫我如何思想，即使我自己也不可能任意駕馭它，而完全忽略了它自己的運行的軌跡。

當然，這絕不是說，個人的思想境界永遠是一成不變的，前面所說的「心服」已經是一種改變。不過「心服」仍然是被動的，是被他人「說服」的結果；通常思想境界的改變則來自個人生活的修煉——學問上的、道德上的以及實踐中的。思想境界的改變又是怎樣的呢？首先我得說明，這裡所謂「思想境界」通常是指一種共同性的思想而言的；它較注重思想層次高低的差別，而不甚注意思想性質的異同。因之，思想境界的改變也就是思想境界的提高或降低。這種改變必須而且也祇能是個人自動自覺的努力的結果。就算是被人說服，到被說服的那一剎那，他的心靈也必然已採取了主動的積極的行動。

在這裡，我們顯然已看出一切企圖「改造思想」或「消滅思想」的笨伯是如何的愚昧和不通了。我們不可能硬使高級的思想境界牽就低級的思想境界，也無法強將低級的思想抬高到更高的思維天地中去。如果我們一定要反其道而行之，相信寶劍的威力可以使人人都屈服於《可蘭經》的教義之下，那麼結果又會怎麼樣呢？我想《孟子》上那一段揠苗助長的故事很可以作為這個問題的答案。這是人類最頑強的一面，也是心靈的功能的最莊嚴神聖的表現；而我們人類也正是憑藉著這一點點星光才從黑暗的野蠻時代中走出了今天這種文明的大道。如今我們更要仰賴著它的指引去戰勝這瘋狂世界的驚濤駭浪，駛出這眼前無邊黑暗的恐怖海洋！這樣，我們又記取了那位象徵著東方智慧的禪宗六祖的話：「如人飲水，冷暖自知。」它告訴我們：不同的思想境界之間是有著怎樣一道不可踰越鴻溝。你無法完全體驗到我的思想深度，我也不可能用我的想像來代替你的思維。我喝熱水，我祇能告訴你這水是熱的，但卻無法向你說清楚這水究竟怎樣熱，即使我說得清楚，而你也絕不能聽得明白，此所以高僧往往對他們所領悟的真諦祇能發出「不可說，不可說」的慨嘆也！

剎那心和相續心

「思想」一詞是我們日常談話中所最常習用的字彙之一，「胡思亂想」、「茶不思，飯不想」——等等不都是「思想」嗎？然而這些「思想」有何價值呢？

是的，如果思想的內涵祇是這些東西的話，我們就根本不必去理會它了。這兒，我得說明一下，我們所要談的思想究竟是指什麼而言。佛經上有「剎那心」和「相續心」這兩個名詞，最足以說明這點。

什麼是「剎那心」呢？就是上面說的「胡思亂想」。我們每在深宵不寐的枕上，家事、國事、天下事，一齊湧上心頭；才思及東又想到西，既無條理，也不連貫，思潮雖滾滾而來，卻又都像那長空的驚鴻在我們的腦海中一掠而過。「剎那」代表一個極短促的時間單位，「剎那心」的意思也就是零星而短促的「念頭」。「相續心」便不同了，它是一種繼續不斷的思維，也就是我們所說的「思想」。真正的思想必須是連續不斷的。我們不是常常聽說有什麼「思想潮流」嗎？試想零零碎碎的「念頭」，來無影，去無蹤，如何能夠形成一個潮流呢？

不過「連續性」也祇是思想的特性之一，除此之外，我們還須注重思想的廣度，一般的說，思想的範疇應該籠罩到宇宙問題、社會問題、人生問題等等。如果我們祇對「瑪麗今天為什麼不理我」，「為什麼她不和我一起去看電影」等等「問題」作連續的思考，那又會得到什麼效果，形成什麼「思想」呢？在這裡，一個新的問題發生了：思想所依據的材料從何處得來？在〈遠在天邊，近在眼前〉一文中，我已指出思想與生活的統一性，現在我更須說明，這二者的相互適應性。思想指導著生活，生活又充實了思想，它們的互為因果乃是很顯然的事實。因此，沒有思想的生活固然可恥，而生活圈子太狹隘了，也絕不會產生超越的思想的。

因此，我們一方面固應讓思想逐漸接近我們的生活，而另一方面，我們還得推廣自己生活的圈子，以提高思想的境界。不過有一點必須說明，我們這兒所謂的思想，乃是一般常人所必須具備的人生條件，並不是思想家、哲學家們所研究的思想問題。我們所著重的是一般性、普遍性的思想，而非專門性的思想或某家某派的哲學。我們的最大希望乃是使同學們在物質生活之上再加上一層精神生活，祇有在精神上獲得了安慰和滿足的人，才真是世界上最快樂的人。

如何才算是真正的思想呢？現在我們總該有了一個概括的瞭解了，「剎那心」祇是胡思亂想而已，「相續心」才是真正的思想，而實際生活則是我們思想的源頭活水哩。

思維與思維方法

思維（thinking）與思想（thought）是分不開的；如果說思維是思想的過程，那麼思想便是思維的結果。這種所謂的思想乃是一切思想的總稱；這裡所謂的思維則是通向思想之境的一切過程的綜合。思維一詞原非中國所固有的，而是西方的譯名。（王陽明所謂的「思維省察」是作動詞用的，我們通常所用的則是「思考」、「思索」或「慮」等，如荀子所謂：「慮，謀思也。」這都是說，「慮」是以既得的知識為材料而更進一步有所求索；這就是思維的中國古義了。）在心理學上，思維也有廣狹二義；廣義的思維乃是我們在感官知覺以外所獲得的一切認識，狹義的思維則是指著分析、綜合、推理、判斷等等精神作用而言。由此可知，思維本身實是一種極嚴肅之事。在〈從心靈到思想〉一文中，我曾指出心之所以能產生思想實因為具有相續性的緣故。僅僅憑一時的「靈感」而胡思亂想一番是絕不能創造出有價值的思想的，因之自然也就和思維沒有任何共同之處了。思維可以說有如一根鍊子，其中每一個環節都和另一個環節緊緊地穿套在一起。

但思維並不能單獨地創造出思想，因為思維本身祇是一種心靈的運用、精神的活動；而思想則是有內容的，這內容便是我在前面所說的「知識」。所以知識乃是思維活動的對象。我們知道，知識有真的，有假的；有充分的，有不充分的；有正確的，有錯誤的；有永遠適用的，有過時無效的……。好了，知識既然有著這樣許多的分歧，如果我們選擇了錯誤的知識為思維的對象，那麼即使我們在思維上盡了最大的努力，我們又怎能產生正確的思想呢？我說這一番話的意思是要提醒讀者，不要相信目前社會上所流行的一種荒謬之論：那就是說，有一種唯一的永恆不變的自然法則可以導使我們邁向絕對真理之境，照前所說，思維既不能包辦內容，則任何思維法則也無法必然保證正確思想的產生；當然不消說，它更無從保證我們獲得真理了。

環繞著思維的中心而引申出來的問題至多，本書曾力圖從多方面加以烘托，俾使人瞭然於它的全貌。但由於體例所限，至於知識的認識與選擇，思維方法的各種派別及其有效性等問題則都無法涉及。這些問題，在作者看來，應該在哲學與邏輯的專著中討論前者屬於哲學中知識論的範疇之內，後者則屬於邏輯的範疇之內。這裡我祇想表示一下我們對於思維方法的根本態度。

首先我所要說的就是，我不願空談思維方法，而是把它和思維方式（way of thinking）聯繫起來討論。關於思維方法「五四」以來中國流行著三大派，這三派都非中國所固有，而是西方傳過來的。

第一是杜威那一派的實驗主義方法，第二是羅素那一派的數理邏輯，第三則是共產黨人所宣傳的「唯物辯證法」。前兩派都是西方近代的學術成果，最後一派則根本不是真正的思維方法，不過是共產黨人的教條而已。然而，辯證法在中國最為流行，實驗主義的方法次之，而西方正統的邏輯學卻很少有解人。

作者個人是一個方法論的多元論者，我不相信正確思想的產生必須嚴格地依據某一派的思想方法。人類知識是日新月異的，因之思維的方法也必須不斷地加以修正。如果我們固執於某種特殊的思維方法，而視之為永恆的真理；那就等於承認我們的知識已經發展到完備的階段，永不可能有新的進步了。這顯然是極端荒謬的觀念。反之，如果我們承認知識進步是永無止境的，那麼我們還有什麼理由肯定思維方法是絕對不變的呢？毫無問題，思維必通過方法而活動，沒有方法的思維是不可想像的。但這並不是說，方法可以片面地決定思想。事實上我們的思維方法是不斷地在改進中的；知識進步激起了新思維方法出現，而新方法的出現則又加速了人類求取知識的步伐，近代英哲培根所倡導的歸納法便是一個最顯著的例證。至於思想與思維方法之間的關係，據我個人的看法，首先是思想的性質、原則決定它的方法，然後方法才能引導人們深入思想的境地。中國哲人堅持自然科學與人文科學在方法不能一致，確是也有堅強的理由的。思想在理論上儘可以抽象，但實際上卻必得具備某種特定的具體內容。在此特定的具體內容上，我們可以採用各種不同的方法來解決問題。而事實上每一個具有獨立思維能力的人所採取的思維途徑也自然而然是各異的。但如果他們在同一問題中所根據的材料——知識是相同的，那麼雖用不同的方法亦可達到大同小異的結論。所以思維方法的分殊並不必然會使人們在思想上分成分歧對立的營壘。這就是中國古人所謂的「百慮一致，殊途同歸」。

以上這些論證還是偏重於外在觀點上說明思想方法的多元性。其實思維取往的歧異乃有其內在的必然因素，那就是「人心不同，各如其面」，我們的思維方式根本無從一致的啊！思維方式普通也稱作思路，乃是因人而殊的。不僅每一個人有其獨特的思維方式，每一有共同文化的民族也多少都表現出一種特殊的思路。我們不難看到，中國哲人在表達同一思想意境時，和西方思想家是如何的截然有別！孔子在川上，看見流水一去不返，不禁喟然嘆曰：「逝者如斯夫？不舍晝夜！」希臘哲人赫拉克利塔有一次在小河裡洗腳；他把腳縮起來又復伸下去，驀然有感於中，哭著說：「我第二次伸腳碰到的水已不是第一次的水了！」你看，這是多麼相同的感受，又是多麼不相同的表達方式呢！

總之，思維方法是多元的。而且方法祇是方法，不是目的。我們目的是要循著各種可能的思維之路去摸索真理之門。因此，任何由於對思維方法的無理固執而阻斷了我們通向真理之路都是為智者所不取的！

思想的繼往與開來

關於思想在其與空間的關聯上所發生的一些問題我們已談了不少；現在試著讓我們把思想問題配合到時間的長流中去，看看它又將顯示出什麼意義。

我在本書中所討論的思想問題都根據著一個基本原則，那就是從活的觀點分析問題的根源。而此所謂「活的觀點」則在很大的限度內涵攝了時間的意義；但對於思想的本身，我卻沒有從時間上加以考慮。思想的源頭活水雖然是我們的現實人生，它的發展線索則無疑是直上直下，貫穿著古往今來的！在〈學而思，思而學〉那篇短文裡，我曾強調了歷史文化的連續性對於思想的重要影響，在〈變與常〉中我又借用荀子「體常而盡變」的話來暗示思想的時間涵義。思想，當它真正是一種嚴肅的思想時，必不可能是憑空發生的；它不僅是空間的產兒，同時也是時間結晶。而對我們人類說，時間與空間則永遠交織在一起，因此，我們祇有透過時間與空間的交叉點才能認清任何思想的真義——它是否具有廣大的社會性或正確的時代性。

我們並不相信「日光之下無新事」的話，可是思想之有其時間的一脈相承之跡倒也是不可否認的歷史真理。說思想具有時間的根據並非否定進化的意義；相反的，人類思想從簡單到複雜、從粗疏到精密、從淺薄到深邃的發展正清晰地顯示出進步的事實。就拿馬克思的思想來說，他的唯物論近襲費爾巴哈，遠承十八世紀的法國唯物論者，如拉美特利（La Mettrie）、霍爾巴哈（Holbach）、狄德洛（Diderot）諸人；他的社會主義是接受了摩爾、康班尼拉，特別是聖西門、傅利葉、歐文諸人的遺產；他的經濟思想的來源則顯然是英國古典經濟學。（列寧曾有文討論過馬克思主義的來源。）如果我們再細細追究這些馬克思思想的思想來源，我們又可以上溯到希臘時代；如此推究上去永無止境。這是思想的「繼往」的一面。

讓我們再倒過來看，從思想對後世的影響上去瞭解思想的意義。再就馬克思思想的例子來推敲一番吧！馬克思思想在後世發生了怎樣的作用呢？這是我們眼前看得最清楚的；馬氏的思想並未及身而絕，其影響也不止於十九世紀的歐陸，反之它倒已瀰漫了大半個世界，擁有無數的信徒。但馬氏的例子是比較突出的，誰都看得見的；此外還有無數其他名聲較小，甚至沒沒無聞的思想家，其影響遠不如馬氏的顯著的，這又該怎樣說呢？我的看法，任何人的思想祇要稍有真理的成分總不會完全湮沒，湮沒的祇是個人，不是此個人所發覺的真理。一個人如果發現了任何真理，除非他像魯濱遜一樣漂流在孤島上，沒有和他人接觸過，而終於懷著真理死去，否則，直接間接、有形無形，此真理一定會通過他人而傳流下去的。而且有些哲人在當時無赫赫之名，其思想也沒有受世人注意，或者雖流行一時而未能持續長久，如果這思想仍具有真理的成分，則終久還會被後人發掘出來。歷史上頗不乏這類事件。如孟德爾的遺傳定律初發表時並沒有贏得世人的喝采，一直埋沒了三十餘年才獲致學術界的承認；又如楊墨的思想曾一度成為中國思想界的兩大壁壘，孟子所謂「楊墨之言盈天下」的，到了秦漢以後也就一蹶不振，直到近代才有人提倡墨子的「兼愛」思想和楊朱的個人主義。就是那位走了兩千年死運的孔聖人，在當時也不能不發出「道不行，乘桴浮於海」之嘆；朱晦庵說得好：「山河大地都陷了，理畢竟還在。」陸象山也說：「且道天地間有個朱元晦、陸子靜便添得些子，無了後便減得些子？」真的，真理必然是不朽的！這又是思想的「開來」的一面。

人類一切歷史文化的成就原都表現一繼往開來的意義；就其繼往說它是目的，就其開來說它同時又是手段。這其間，思想的繼往開來的意義尤為重要。在這裡，我們碰到了一重困難：思想既負有如此重大的繼往開來的任務，而古往今來的思想卻並不全是真理，不僅不是真理，有的還是邪說。一旦邪說侵蝕了人類的靈魂。那該造成怎樣一種悲劇呢？眼前馬克思思想在開來上的表現已至足發人的深省了。事實非常清楚；思想的開來並不僅止於純思維的範疇之內，它的影響必然會及於整個社會。唯其如此，它才能給人們以幸福或災害。如果說善的影響是不朽的，那麼惡也同樣會產生永恆的結果。怎樣捨邪說而取真理，這不僅是少數思想家的擔負，同時也是每一個人責任。倘若大多數人都放棄了他們的思想的權利，祇讓少數思想家去決定人類進步的方向，則「盲人騎瞎馬，夜半臨深池」的危險隨時都存在著。但任何思想同時又必然是繼往的；因之我們對於前人思想遺產的接受也就不能不採取理智而有選擇的態度。我們應該知道人類任何新的災難也都是舊的錯誤的繼續與加深的結果哩！

思想是繼往而開來的，我們絕不承認有任何一種思想可以代表什麼絕對的、整體存在的永恆真理。文明進步是一點一滴的。思想的發展也無法例外。任何美好的理想，失去了時間憑藉便不發生價值問題；我們祇有把思想配合到時間與空間交織的系統中去，才可以看出它的意義。當然，也祇有從思想的繼往開來的全程上著眼，我們始能認清真理與邪說的真正分野的所在！

知而不行，祇是未知

在前面幾十篇短文中，我所涉及的都是屬於思維範疇以內的問題；在最後這一篇裡，我願意約略地談一談知與行的關係。關於知與行或理論與實際（theory and practice）的關係，幾千年來一直是思想史上最聚訟紛紜的所在之一。但在這裡我無法將各派的說法一一加以評論，而祇能說說我自己對於這一問題的理解。

孔子在《論語》上開頭第一句話就說：「學而時習之，不亦說乎！」

學與習也正是知與行的同義語，可見知行原是分不開的。世人都知道王陽明的「知行合一」之說，其實持此說者甚多，並不僅王學為然。荀子早就說過「知有所合，謂之知」的話；這裡所謂「有所合」自然非「行」或「實際」莫屬了。那麼知與行到底是不是本來就合一的呢？是先有知而後有行，還是先有行而後有知呢？這些問題在我看來是不能作抽象而籠統的答覆的，我們必須先弄清楚問題的多方面關係。

首先我們要解決的，即是「知」的性質問題。我們知道，「知」之本身曾經引起思想家的嚴重爭辯，如果我們的知識根本就靠不住，那知與行的配合問題便沒有討論的餘地了。洛克（John Locke）認為知識從經驗而來，它的產生有兩個必要條件，那就是能知之心與可知之物，這和荀子所謂「凡以知，人之性也；可以知，物之理也！」竟不謀而合；這是肯定知的真實性。但洛克哲學的繼承者巴克萊（George Berkeley）卻把關係顛倒了過來，他關於知識論的名言是「存在即被知覺」（To exist is to be perceived）。這麼一來，知的基礎動搖了；巴氏顯然過分強調了思想的主觀那一方面，而抹殺它的客觀性。因此經驗主義發展到休謨（David Hume）便變成了極端懷疑的「不可知論」。可是事實上儘管人類知識有其錯誤的或不完全的部分，但知識的真實性畢竟是不容懷疑的——無論我們訴諸經驗或理性都是如此。孔子說：「知之為知之，不知為不知，是知也！」也肯定了知的存在：知固然是知，知不知也未嘗不是一種知哩！我們既無從否定一切人類文明的成就，尤其是近代自然科學的輝煌成果，我們便不能不承認人的心靈是具有知的能力的；同時外在的客觀世界不但是真實存在的，而且也是可知的。（《墨子・經上》云：「知，接也。」《墨子・經說上》云：「知也者，以其知過物而能貌之，若見。」也正是這個意思。）

我們第一步交待清了「知」的本身問題，讓我們再看知的內容。我們通常所說的「知」是最廣義的知，也就是作動詞用的「知道」的意思；如前面所舉的「知之為知之，不知為不知」的知字是也。但知字另外還具有較特殊的意義；如樊遲問知，孔子曰：「務民之義，敬鬼神而遠之，可謂知矣！」又如「擇不處仁，焉得知？」等「知」字皆是「智」的意思。「知」在字義上既然有了分化，我們就不能不考察它在事實上究竟無分歧。據墨家的說法，知大致有三類：一為「親知」，即「身觀焉，親也。」是從自己直接經驗中獲得的知，亦即感性知識；二為「說知」，「說，所以明也。」乃是對事物加以解說所得來的知，亦即理性知識：三為「聞知」，「傳受之，聞也。」也就是師傳的知識。這還祇是從來源的不同來劃分知的內容的；其實，知在程度上還是分成許多層次的。孔子說：「知之者不如好之者，好之者不如樂之者」便指出了知在深度上差異：知、好、樂並不是截然不同的三種事，而是像寶塔式的，一層層地升上去的；不知絕不能好，不好更無從樂起，這還不清楚嗎？讓我們再聽聽荀子的話吧：「不聞不若聞之，聞之不若見之，見之不若知之，知之不若行之，樂至於行而止矣！」這一番話把我們的討論引到知行關係的本文上來了；而本文的中心觀念也已無形中在此顯露了出來。

就讓我們來分析一下荀子的話吧！荀子所說的聞、見、知、行，顯然代表著同一行為的發展過程的四個層次。用墨家的話說，聞是「聞知」，見是「親知」，知則相當於「說知」。而知的更高層次卻是行，可見行與知發展到最高階段必然是合一的。我們通常用知字時，其意義非常含混：「知道」是知，「懂得」是知，「瞭解」是知，「欣賞」是知，「信奉」也是知；「知其然」是知，「知其所以然」也是知。我們瞭然於知字具有深淺廣狹的各種意義的不同，我們就能把握住知與行的正確關係了。知與行是否能合一，或理論與實踐能否結合，絕不能抽象而籠統的加以解答；要解答此問題，我們先得問清楚：究竟「知」的確切涵義如何。祇有當我們確定了知的深度以後，我們才能知道它是否可以與行合一，社會上有許多人喜歡高談理論，可是他們對此理論的精義並不瞭然，不能「好之」、「樂之」；當然我們無法希望這類的人會成為此理論的實踐者了。對於這種人的「知」，我們稱之為「口頭禪」。我們知道禪是佛理，佛理並非口頭喊喊「阿彌陀佛」就了事的，而是要去信奉它，一舉一動都依照它的原則行事才行。還有一種人比口頭禪要高出一籌，他們研究了佛理，懂得了其中一切道理，但卻不欣賞它，不為它所動，因之也不願依佛理而立身處世。這種人已是荀子所謂的「知之」者了，但還沒有達到「行之」者的境界。知到了最高階段，如虔誠的教徒或信仰者，才算達到了知行合一的境地。王陽明的知行合一說便是這個意思，他所謂知乃是最高層次的知，不是膚泛的知，你看他說：「未有知而不行者。知而不行，祇是未知……如好好色，如惡惡臭，見好色屬知，好好色屬行，祇見那好色時已自好了，不是見了後又立個心去好；聞惡臭屬知，惡惡臭屬行，祇聞那惡臭時已自惡了，不是聞了後別立個心去惡。」又說：「知是行的主意，行是知的功夫；知是行之始，行是知之成。若會得時，祇說一個知已有行在，祇說一個行已自有知在。」（均見《傳習錄．上》）這是何等透徹的話！而他的「知」字之不同於一般人所謂的「知」也已躍然紙上。但人也許可以沒有「知」卻絕不能沒有「行」，那麼一切行是否都是「知的功夫」或「知之終」呢？這便是陽明先生不所曾發揮明白的所在了。由於近代心理學的進步，我們知道人的一切行為並非都是有意識的（conscious），反之，很多行為都是在潛意識（sub-consciousness）的支配之下不知不覺完成的。那就是說，我們常常是行而不知的。而這許多行而不知的事情之中，大部分乃是出於本能（instinct）的驅使。本能則是人與禽獸所共同具有的。因之，我們不妨將人的「行」分成兩類：一是人性的，自覺的；一是一級動物性的，不自覺的。陽明所舉的「好好色，惡惡臭」其實乃屬於不自覺的部分，也就是一種本能的反應；這並不能支持知行合一的理論。關於不自覺行為那一方面，祇要人是人，不是神，則永遠無法完全消滅掉，問題祇在程度輕重而已。我們可以置而不論。值得我們討論的倒是人的自覺行為的那一部分；這是人類文明的成就，也是人性的高度表現。在這裡，知與行的關係才需要我們加以澄清。

由於知具有種種程度上的差異，所以有些知可以與行合一，有的則不能。但人們一切文明的自覺的行為又是否都是知的最高表現呢？我們可以作肯定的答案；但其中還有分別須加闡釋。那就是我們的「行」一部分是積極的「知之成」，一部分卻是消極的「知之成」。所謂積極的「知之成」，乃是說我們肯定一個積極的「是」而身體力行之，如教徒或主義的信奉者。這相當於我們在〈知識．思想．信仰〉一文中所說的「信仰」。所謂消極的「知之成」則是否定一個消極的「不是」，如前所說的研究佛理而又不信仰佛教的人便是。我們如知某事為「是」便可以發生積極的行為，以使此「是」表現出來；我們如知某事為「不是」，也同樣會產生一消極行為，以完成此一消極的知。而我們的行為究竟積極或消極到何種程度，則又視此「知」的內容而定。譬如我們信仰佛教，我們最積極的行為也不過是吃齋拜佛；但是如果我們信仰了共產主義，我們最消極的行為也得清算鬥爭。反之亦然。

我們可以說，一切人性的、文明的行都必然包括了知。不過知有大知、小知等區別，因此行也不能不在各種不同的形態下表現。從價值上說，積極的知自然高於消極的知；肯定一個「是」總比否定一個「不是」要有意義，行一善事也比阻止一惡事更值得我們敬重，可是我們憑什麼肯定一積極的真知呢？這又牽涉到信仰問題上來了。我絕不否認真知的可能性，更不敢否認真信仰的崇高價值；但我卻要強調，一個終身守之不渝的信仰的選擇必須經過嚴格而慎重的考慮。因錯知而產生惡行，以致危害人類文明的存在與發展的，也並不是太不常見的事。今天共產主義的信仰不就是一個最現實而生動例子嗎？因此，我個人的看法，在我們的知識未達周備，思想未達精密之境以前，我們最好不必先企圖建立起思想的體系，也不必一定要信仰一種有體系的思想。體系之所以值得尊崇乃在它可以把「知」安放在一個更堅固的基礎之上；如果祇有體系而無真知，那就等於有串而無錢，體系的意義果何在乎？（請參看〈「吾道一以貫之」？〉）祇要我們能有一真知即有一真行，而每一行又必訴諸良知，那麼在這種螺旋式的知行合一的永恆發展中，自然已包括了博大的體系；「祇在此山中，雲深不知處！」我們本不必他求的！（中國思想家大抵都是不明標體系，而體系自在其中的。）

在這種瞭解之下，知行關係附帶產生的若干問題也迎刃而解了。唯物論與唯心論者都強調知與行的孰先孰後的問題，其實這完全是由於他們不瞭解真知真行原是合一的緣故，誠如王陽明說：「祇說一知已自有行在，祇說一行已自有知在。」這正如哲學上所謂「雞生蛋，蛋生雞」的問題一樣得不到答案的。

此外還有知與行的孰難孰易的問題也曾引起不少思想家的爭論。有人強調知易行難，有人則說是知難行易，更有人認為知難行亦不易。到底誰對呢？如果我們要借重事實來證明，那麼我敢說這三方面的證據都是不會少的。這種各執一偏的態度顯然是對「知」字的機械而籠統的認識的結果。如果我們在個別的情形下確定每一不同「知」字的確切意義，則知行難易也就成了不成問題的問題了！

最後我願意說明一下對知行關係應該採取怎樣一種態度。如上所述，既然知有著深淺廣狹的分別，我們是否就聽其自然，讓知與行自行分合呢？絕對不是。我們相信，文明愈進步，人類便愈有真知；而進步之所以可能也正是由於我們具有與行合而為一的最高度的「知」。在我們今天的世界裡充斥著形形色色的「知」，可是真正給我們帶來了福音的還是平凡而實際的真知，不是那說得好、做不到的高調或幻想，更不是那給予我們無窮災害的錯誤之「知」。我們祇要依著良知的指示，一步一步地走著知行合一的路，讓理性之花開遍我們的心頭，真理之門永遠是向我們敞開的；否則「知而不行，祇是未知」而已！

余英時文集15

到思維之路

2022年8月初版　定價：新臺幣300元

有著作權・翻印必究
Printed in Taiwan.

著者	余英時
總策劃	林載爵
總編輯	涂豐恩
副總編輯	陳逸華
特約主編	官子程
叢書主編	沙淑芬
校對	蔡竣宇
內文排版	菩薩蠻
封面設計	莊謹銘

出版者	聯經出版事業股份有限公司
地址	新北市汐止區大同路一段369號1樓
叢書主編電話	(02)86925588轉5310
台北聯經書房	台北市新生南路三段94號
電話	(02)23620308
台中辦事處	(04)22312023
台中電子信箱	e-mail：linking2@ms42.hinet.net
郵政劃撥帳戶第	0100559-3號
郵撥電話	(02)23620308
印刷者	世和印製企業有限公司
總經銷	聯合發行股份有限公司
發行所	新北市新店區寶橋路235巷6弄6號2樓
電話	(02)29178022

總經理	陳芝宇
社長	羅國俊
發行人	林載爵

行政院新聞局出版事業登記證局版臺業字第0130號

本書如有缺頁，破損，倒裝請寄回台北聯經書房更換。　ISBN 978-957-08-6397-0 (平裝)
聯經網址：www.linkingbooks.com.tw
電子信箱：linking@udngroup.com

國家圖書館出版品預行編目資料

到思維之路/余英時著．初版．新北市．聯經．2022年
8月．208面．14.8×21公分（余英時文集15）
ISBN　978-957-08-6397-0（平裝）

1.CST：邏輯　2.CST：思維方法　3.CST：文集

150.7　　111009403